GUÉRIR DE SES BLESSURES AFFECTIVES

Ce livre a été préalablement publié en anglais-américain aux éditions Heart Publishing Company.

1.MP.15000-CP-04/15

édition papier ISBN 978-2-912795-62-5
édition numérique ISBN 978-2-912795-82-3
édition epub enrichie ISBN 978-2-912795-83-0

GUÉRIR DE SES BLESSURES AFFECTIVES

Pour aimer et être aimé

par
John Gray

Auteur du best-seller
"Mars et Vénus font la paix"

traduit de l'anglais par
Catherine Marx

Illustrations de Katia Even

ÉDITIONS DE L'ÉVEIL
NOISY-SUR-ÉCOLE, FRANCE

Pour les hommes et les femmes qui décident avec courage d ouvrir leur cœur et de se connecter à leurs émotions afin de créer un monde meilleur.

SOMMAIRE

REMERCIEMENTS

Je veux d'abord exprimer à ma femme, Bonnie, ma plus sincère gratitude. L'amour et le soutien qu'elle m'offre si généreusement font de moi un meilleur homme et m'incitent à viser toujours plus haut dans l'amélioration de soi. Merci également à Barbara de Angelis dont la présence affectueuse et les compétences en matière éditoriale m'ont été d'un grand secours lors de l'écriture de ce livre. Je n'oublie pas Tamira Langton, qui a cru en moi et en mon travail, tout en me gratifiant de son indéfectible amitié. Je remercie Linda Lawson pour sa compréhension et pour la mise en pratique de mes conseils au sein du pôle d'aide psychologique Heart dont elle fut responsable ; Merril Jacob, pour la relecture de mon manuscrit, de m'avoir affectueusement soutenu pour mon travail d'illustration et pour ses suggestions perspicaces ; Helen Francel pour son soutien éditorial, Robert Herstek pour son dévouement, son implication et son talent pour la réalisation de cet ouvrage et Bob Hoffman ainsi que Connie Berens dont les efforts ont permis sa parution. J'ai une pensée particulière pour les milliers de personnes qui ont participé à mes séminaires afin de pouvoir enseigner ma méthode : ils en ont prouvé l'efficacité à travers leur pratique et m'ont permis d'avoir plus ample confiance en elle. Enfin, un grand merci à ma mère, Virginia Gray : je t'aime.

John Gray

PRÉFACE

J'ai écrit ce livre il y a trente ans ; c'était dix ans avant que je n'écrive mon best-seller *Les hommes viennent de Mars et les femmes viennent de Vénus*, un guide pour améliorer la communication au sein du couple. Mais ce qui m'a amené à élaborer les idées positives qu'on trouve dans *Les hommes viennent de Mars et les femmes viennent de Vénus*, c'est un travail personnel visant à soigner mon cœur. Et c'est cela que vous trouverez dans le livre que vous tenez entre vos mains.

Guérir de ses blessures affectives fut mon premier livre. Pendant une dizaine d'années, j'ai donné des séminaires en me basant sur ce que j'y développe. Les informations qu'il contient ont toujours une place essentielle dans le message que je délivre aujourd'hui. Ce dernier a été bénéfique pour beaucoup de gens, comme il le fut pour moi-même. De nombreuses personnes considèrent que cet ouvrage est un abrégé de psychologie accessible aux enfants et utile aux étudiants. Il s'en est vendu plus d'un million d'exemplaires aux États-Unis et la diffusion se poursuit tranquillement en continuant d'influencer la vie de millions de personnes.

Je recommande vivement aux parents de laisser leurs enfants en colorier les dessins pour que les enseignements de ce livre se propagent au sein du foyer. J'y énonce cinq messages positifs que nous avons tous besoin d'entendre en grandissant. En les lisant, vous réaliserez que vous ne les avez pas forcément entendus lorsque vous étiez petits. Vous comprendrez aussi qu'il vous est possible de soigner votre cœur en vous les délivrant vous-même aujourd'hui.

Tout au long de ce livre, je démontre la manière dont notre passé affecte notre présent. En apprenant à guérir de vos traumatismes, de vos problèmes affectifs et de vos expériences douloureuses, vous cheminerez mieux dans votre présent, vous serez bien dans votre peau et envisagerez l'avenir avec optimisme. C'est ainsi que vous pourrez entretenir de meilleures relations avec les autres et améliorer votre existence.

Au fil des pages, je vous ferai découvrir l'importance de soigner votre cœur, de transformer des émotions négatives – comme la colère, la tristesse, la peur et le regret – en émotions positives d'amour, de compréhension, d'empathie, d'appréciation et de confiance. À travers ce processus de mutation des émotions négatives en émotions positives, on retrouve la joie de vivre qui fut la nôtre quand nous étions enfant. Vous pourrez donc à nouveau l'expérimenter en tant qu'adulte !

Enfin, en guérissant de vos souffrances émotionnelles, vous deviendrez capable de pardonner vos propres erreurs et de pardonner aux autres celles qu'ils ont commises. Vous accéderez aussi à une meilleure compréhension de ce qu'est le pardon. Il ne s'agit pas d'oublier purement ce qui s'est passé, mais d'avoir le sentiment d'être à nouveau capable d'ouvrir son cœur. En effet, ce qui nous nuit fondamentalement, c'est de fermer notre cœur. Celui qui a fermé son cœur s'est coupé du monde ; il a peut-être l'impression d'être en sécurité, mais en réalité, il est seul.

Les informations que vous trouverez dans *Guérir de ses blessures affectives* ont changé ma vie. Ces découvertes ont construit les fondations d'un mariage qui dure depuis plus de trente ans et elles m'ont permis de fonder une magnifique famille avec mes enfants.

Vous tirerez de grands bénéfices en comprenant comment identifier et traiter vos émotions douloureuses, mais plus encore, vous ferez l'expérience d'une profonde empathie envers vos enfants. Ainsi, vous pourrez leur apporter le soutien dont ils ont besoin et qu'ils méritent.

Je suis particulièrement heureux de partager ce nouveau livre avec mon lectorat français. Après trente années, il est toujours d'actualité dans ma vie et je suis persuadé qu'il sera tout à fait pertinent dans la vôtre.

John Gray
Mill Valley, 21 octobre 2014

AVANT-PROPOS

Nous avons tous besoin d'aimer et d'être aimés. Cependant, satisfaire ce besoin primaire représente un des plus grands défis de l'existence. Pour garder une bonne santé psychique, il est indispensable à chacun de nous d'être en mesure de créer une relation durable au sein de laquelle prévaut l'amour. Toutefois, c'est plus facile à dire qu'à faire… Les bonnes intentions ne suffisent pas dès lors qu'il s'agit de fonder un couple et de le faire grandir dans l'amour. Cela exige certaines qualités, une mise en pratique et un investissement personnel permettant d'évoluer vers un micux-ctre. Pour être à même de donner et recevoir de l'amour, nous devons apprendre à donner sans attendre en retour et à recevoir sans rien avoir demandé. Ce type d'amour inconditionnel n'est pas une utopie ; on peut le rendre concret dans la pratique. Le secret pour y parvenir ? Apprendre à s'aimer soi-même ! Plus vous porterez un regard aimant sur vous-même, plus votre aptitude à recevoir et donner de l'amour aux autres grandira.

L'amour inconditionnel remplit et fait déborder le cœur de celui qui le ressent. Il est relativement facile de le manifester quand on est dans un état d'esprit positif et que les autres nous apprécient. C'est plus difficile quand on se sent mal aimé et qu'on est d'humeur morose. Dans ces conditions, quand l'amour et le soutien extérieurs vous font défaut, vous devez les puiser en vous-même. Vous êtes en effet la première personne à devoir prendre soin de vous ! Ensuite, quand vous vous sentirez mieux, vous serez mieux disposé pour recevoir l'aide des autres.

De plus, vos besoins et vos souhaits auront davantage de chances d'être comblés car vous les exprimerez plus clairement. Tel un aimant, vous attirerez le soutien d'autrui.

Votre passé émotionnel influe sur le présent : vos blessures refoulées restreignent votre aptitude à vous aimer vous-même et à aimer les autres. Ce livre vous apprendra donc à les faire passer sur le plan conscient afin de les ressentir et de les exprimer pour mieux en guérir. Vous allez progressivement vous réconcilier avec des parties de vous-même que vous aviez enfouies sous des monceaux de souvenirs. Ne soyez plus prisonnier de votre passé ! Libérez-vous-en pour partager l'intégralité de votre richesse intérieure ! Vous donnerez aux autres l'envie de vous soutenir et obtiendrez d'eux la reconnaissance que vous méritez. Au fil des pages, vous deviendrez plus indulgent envers vous-même. Par ailleurs, vous serez plus inspiré en amour : cela se traduira autant en ce qui concerne la qualité de votre relation que par sa longévité. Ce guide pratique vous accompagnera efficacement pour enrichir votre union sur le plan émotionnel, pour mieux communiquer et coopérer. Mais plus que tout, il vous amènera à nourrir l'amour le plus fabuleux qui soit : l'amour de vous-même !

Harold H. Bloomfield,
médecin psychiatre

INTRODUCTION

Depuis la première édition de ce livre, mes conseils ont permis de considérablement améliorer et enrichir des milliers de relations de couple. J'ai reçu des lettres et appels téléphoniques de nombreuses personnes me confiant que j'avais contribué à sauver leur mariage, à leur permettre de se réconcilier avec leurs parents ou avec leurs enfants. Des thérapeutes, des conseillers conjugaux ou des enseignants le recommandent fréquemment. Ce genre de témoignages associé au bouche-à-oreille ont fait de ce livre un best-seller. Par son aspect pragmatique, grâce aux outils que je propose et aux techniques qui y sont développées, *Guérir de ses blessures affectives* engendre très rapidement des effets bénéfiques qui ne font que s'accroître au fil du temps. Non seulement il vous aidera à faire durer votre amour et votre intimité de couple mais de surcroît, vous vous aimerez vous-même davantage et améliorerez vos relations avec votre entourage.

Très souvent, une histoire d'amour débute avec de grands espoirs. Pourtant, progressivement, la passion décline et nous ne sommes plus animés des mêmes sentiments bienveillants envers l'autre, parfois jusqu'à éprouver pour lui une forme d'indifférence. Alors, bien que l'on ne souhaite pas mettre un terme à cette relation, nous avons l'impression de ne pas vraiment avoir le choix. J'ai pour vous une bonne nouvelle : la solution existe ! Elle consiste à comprendre comment vous pouvez restaurer vos sentiments. Nul besoin de trouver un nouveau partenaire pour vous sentir à nouveau vivant ! L'amour que vous croyez mort n'est en général qu'enfoui quelque part en vous, et vous êtes en mesure de le retrouver. Tout au long de ce livre, vous allez découvrir l'art de vous reconnecter à ces émotions pour à nouveau faire l'expérience de l'amour. Il ne suffit pas pour y parvenir d'avoir envie d'être aimant ; il vous sera nécessaire de reconsidérer la manière dont vous gérez vos émotions. Le défi que posent toutes nos relations, c'est de parvenir à rester connecté à l'amour, tout en acceptant de faire face à des émotions désagréables de temps en temps.

Après avoir écrit la première version de ce livre, j'ai également découvert la façon particulière dont les hommes et les femmes expriment leurs émotions. À maints égards, c'est un peu comme si nous n'utilisions pas tout à fait le même langage, et que nous réagissions comme si nous étions originaires de planètes différentes. C'est ce que j'ai développé dans *Mars et Vénus font la paix* (et popularisé grâce au titre *Les hommes viennent de Mars et les femmes viennent de Vénus*). Mais cette seule connaissance ne suffit pas à faire disparaître tous les conflits. Pour y remédier et faire la paix avec le sexe opposé, il faut adroitement transformer ses émotions négatives en émotions positives. Les hommes ont tendance à se couper de leur sphère émotionnelle pour mieux réfléchir, quand les femmes préfèrent verbaliser leurs émotions pour tenter d'y voir plus clair. Cette opposition fondamentale peut se résoudre grâce à la technique d'écriture émotionnelle que je détaillerai plus loin. Elle sera particulièrement utile aux femmes qui ont besoin de parler quand leur compagnon s'y refuse et qu'il n'y a personne d'autre pour les écouter. En effet, quand une femme doit patienter trop longtemps avant de pouvoir exprimer ses émotions, sa frustration prend de l'ampleur et lorsqu'elle se met à parler, elle est si énervée qu'il est difficile à un homme de l'écouter sans avoir l'impression qu'elle lui fait des reproches, qu'elle ne lui fait pas confiance ou qu'elle l'agresse (bien entendu, ce n'est pas une réaction exclusivement féminine). Je recommande aux hommes d'utiliser l'écriture émotionnelle dans ces moments-là. Ainsi, ils pourront se concentrer sur ce qui les ennuie tout en gardant à l'esprit (et au cœur) l'amour qu'ils ont pour leur compagne.

Personnellement, c'est ce que je fais dès que quelque chose me tracasse ou que je commence à nourrir du ressentiment : après avoir exploré mes émotions, je suis capable d'en parler de manière plus détendue.

La puissance des émotions est incroyable ! Elles peuvent unir deux êtres au cœur d'une forte intimité comme elles peuvent être douloureuses et les éloigner l'un de l'autre. Il est très important de ne pas déverser nos émotions négatives sur nos proches et d'apprendre à les exprimer d'une façon qui ne soit pas blessante. Dans cette optique, quand on couche ses émotions par écrit selon ma méthode, on peut soit remettre la lettre à son destinataire, soit la jeter, selon ce qui s'avérera le plus utile. Si vous pensez que votre partenaire sera immanquablement blessé à sa lecture, gardez-la pour vous. Quelle que soit l'option choisie, cette technique d'écriture vous sera bénéfique. À cette première lettre émotionnelle, vous allez joindre une réponse, celle que vous aimeriez que votre partenaire vous offre. Cela vous sera hautement profitable !

Au fil de votre lecture, ce livre vous fournira le moyen de mieux gérer vos émotions. Vous ne les subirez plus. Vous parviendrez à être connecté à votre ressenti pour éviter qu'il ne prenne le contrôle sur vous. Surtout, vous apprendrez l'importance de développer un ressenti authentique au jour le jour et à vous libérer des influences négatives que certaines expériences malheureuses ont eues sur vous. En prenant davantage conscience de vos émotions, vous réaliserez progressivement que c'est ce qui vous permettra de guérir vos blessures passées. Elles ne vous empêcheront plus d'avancer.

Je souhaite vous donner l'envie d'enrichir vos relations, quelles qu'elles soient, en y apportant plus d'amour et une meilleure communication. J'espère aussi que cet ouvrage vous aidera à être plus épanoui et en paix. Vous le méritez.

John Gray
janvier 1994
(pour la deuxième
édition américaine)

Sans amour, tout va mal.

CHAPITRE 1

L'AMOUR EST UN BESOIN FONDAMENTAL

L'être humain est incroyablement complexe. Il a tout un flux de besoins à satisfaire, que ce soit sur le plan physique, émotionnel, mental ou spirituel. Expérimenter la frustration dans l'un de ces domaines, c'est parfois s'exposer à une souffrance qui va nous affecter dans notre globalité. Mais l'amour – l'amour de soi et l'amour que nous portent les autres – est un besoin tellement essentiel que son absence contribue à affadir l'existence et entraîne de nombreux échecs.

On peut même affirmer que la première cause d'insatisfaction est l'absence d'amour. Ce besoin fondamental l'emporte sur tous les autres. Sans lui, il est impossible d'être pleinement épanoui. L'amour s'accompagne d'un sentiment de sécurité qui est le fondement d'une vie prospère. Peu importe votre richesse matérielle, vous n'en jouirez pas pleinement si vous n'éprouvez pas d'amour envers vous et si vous ne partagez pas ce sentiment avec ceux qui vous sont proches. Rien ne supplante le besoin d'amour. Il est primordial.

En substance, je vous dis que votre plus gros souci est d'être incapable de satisfaire ce besoin et que ceci engendre une foule d'autres problèmes.

Comparées au besoin d'amour, les autres quêtes ont peu d'importance.

N'oubliez pas que tout commence par l'amour de soi. En effet, si vous manquez d'estime pour vous-même, il sera difficile aux autres de vous apprécier. L'estime de soi est indispensable si on souhaite être aimé par autrui comme on le mérite.

Nous sommes tous nés avec une valeur qui nous est propre. Personne au monde ne pourrait être un meilleur vous-même. Vous avez une place spécifique dans l'univers et il vous appartient de trouver votre voie, de découvrir ce que vous avez à offrir au monde, pourquoi vous

Chaque individu possède des qualités qui le rendent unique.

êtes là. Une fois que votre maturité vous a permis de l'entrevoir, passez à l'action ! C'est ainsi que vous atteindrez un sentiment de plénitude et que vous vous sentirez intensément vivant. Cessez donc de masquer votre réelle personnalité, acceptez-vous tel que vous êtes et aimez-vous !

Vous ne tiendriez pas ce livre entre vos mains si vous ne vous aimiez pas. Le fait que vous soyez en train de le lire signifie qu'une part de vous-même se dit : « J'ai le droit d'être aimé davantage et je suis déterminé à obtenir cela. Peut-être que cet ouvrage me sera utile ». Au minimum, vous avez encore foi en vous.

Lisez les questions et réponses suivantes et réfléchissez :

Q : Pourquoi vous énervez-vous quand vous réalisez qu on ne vous apprécie pas à votre juste valeur ?

R : Parce que vous êtes intimement convaincu d'avoir une grande valeur.

Q : Pourquoi portez-vous des vêtements seyants ?

R : Parce que vous êtes soucieux du regard des autres.

Q : Pourquoi voulez-vous être aimé ?
R : Parce que vous êtes persuadé de le mériter.

Du plus profond de vous-même, vous désirez être aimé, qu'on reconnaisse votre valeur et que l'on vous accepte tel que vous êtes, tout simplement parce que vous savez que vous le méritez. Il est malheureusement possible que – comme de nombreuses personnes – vous vous soyez coupé de cet amour-propre qui vous animait quand vous étiez petit enfant.

QUE SE PASSE-T-IL QUAND VOUS VOUS AIMEZ VOUS-MÊME ?

Quand vous vous aimez vous-même, vous devenez capable d'exprimer pleinement vos talents en présence d'autres personnes sans craindre leur jugement. Plus on a d'estime de soi, plus on peut se révéler face au monde ! Et plus vous vous montrez sous votre véritable jour, plus il devient facile aux autres de vous aimer de manière authentique, plutôt que de se fonder sur l'image fausse que vous leur renvoyez quand vous portez un masque. Mais ce n'est pas tout : plus on vous aime, plus votre amour-propre peut s'épanouir ! C'est un cercle vertueux où l'amour grandit et où l'on s'exprime de plus en plus librement.

Je m aime davantage
Je révèle davantage qui je suis
Les autres peuvent m aimer davantage
Je m aime encore plus, etc.

Si vous n'avez pas suffisamment d'estime de vous-même et que vous travestissez votre personnalité pour mieux plaire aux autres, c'est le contraire qui se produit. L'amour décroît et vous vous sentez de moins en moins libre de vous exprimer de manière authentique.

Je m aime de moins en moins tel que je suis
Je cache une partie de qui je suis (je porte un masque)
Les autres aimeront moins la personne que je suis réellement
J aime encore moins la personne que je suis réellement, etc.

Avoir plus d'amour pour soi, c'est s'autoriser à révéler ses talents innés et acquis. Ainsi, les gens peuvent mieux nous apprécier.

Avoir de l'amour pour soi,
c'est devenir capable d'aimer les autres.

Avoir plus d'amour pour soi, c'est potentiellement avoir plus d'amour à donner aux autres ! Vous êtes mieux à même de les apprécier. Ainsi, le monde change… Car il est le miroir de ce que nous sommes. Chacun l'entrevoit à travers des lunettes dont les verres sont teintés ; et leur couleur dépend de la manière dont on se considère soi-même.

Ceux qui détestent les autres se haïssent généralement eux-mêmes. Très souvent, quand on désapprouve ce que font les autres, cette désapprobation

Le monde est un miroir où nous apercevons notre reflet.

révèle ce qu'on n'aime pas en soi. Apprendre à être soi et à s'aimer, c'est un premier pas fait en direction des autres. C'est ainsi qu'on parvient à mieux les accepter, à leur accorder de l'importance, à les aimer et à enrichir nos relations.

Au fil des pages, vous allez entreprendre un voyage qui vous permettra de renouer avec l'amour de soi. Et votre première étape sera de découvrir l'origine de ce sentiment merveilleux…

Ceux qui détestent les autres se détestent eux-mêmes.

LES ORIGINES DE L'AMOUR DE SOI

Vous êtes né avec une immense réserve d'amour-propre qui est naturellement insufflé en chaque bébé. Avez-vous déjà vu un nouveau-né qui n'est pas avide d'amour et d'attention ? Imaginez-vous un bébé qui ne fasse pas ressentir – en s'agitant voire en pleurant – qu'il n'a pas eu sa dose d'amour et d'attention ? Imaginez-vous qu'il puisse exiger qu'on l'oublie un peu, ou qu'il se plaigne de recevoir trop d'amour ? Quand nous étions de très jeunes enfants, nous ressentions tous de l'amour et de l'acceptation à notre égard. Par contre, à l'âge adulte,

S'aimer soi-même présente des risques.

il nous est souvent difficile de faire voir aux autres que nous avons de l'amour-propre, voire même de l'admettre. Nous avons en effet appris qu'en faire état pouvait nous mettre en danger et qu'il était bien plus sûr de le cacher. Mes recherches m'ont permis de mettre à jour cinq idées que nous intégrons inconsciemment en grandissant et qui nuisent à l'estime de soi. L'effet qu'elles ont sur notre psychisme peut perdurer jusqu'à la fin de nos jours ! Voici les messages qui nous poussent à ne pas nous aimer :

1. C'est mal d'avoir de l'amour-propre
2. C'est mal d'avoir des désirs égoïstes
3. C'est mal de se montrer tel que l'on est
4. C'est mal de commettre des erreurs
5. C'est mal d'exprimer ce qu'on pense

L'AMOUR-PROPRE EST LÉGITIME

Quand vous étiez jeunes, on vous faisait comprendre qu'il était malvenu de développer à votre égard de l'amour et de l'acceptation. On vous disait que c'était de la vanité. Vous avez aussi intégré l'idée qu'il valait mieux ne pas montrer aux autres l'estime que vous vous portiez, car cela vous valait des critiques. Imaginez que vous arriviez à une soirée et qu'un convive vous dise : « Wouah, tu es magnifique ce soir ! ». Si vous lui répondiez : « Je sais, moi aussi je me trouve superbe », il s'éloignerait probablement de vous en pensant que vous êtes bizarre ! Notre société nous incite à voir dans l'affichage de notre amour-propre un acte traduisant l'égocentrisme et la suffisance. Cela nous vaut d'être rejetés. De ce fait, pour être aimé et soutenu par les autres, nous apprenons à taire nos sentiments d'amour-propre, voire nous prenons l'habitude de nous rabaisser aux yeux d'autrui. Au bout de quelque temps, nous sommes convaincus du bien-fondé de cette attitude, nous réprimons notre amour-propre et finissons par l'oublier.

On vous a certainement dit qu'avoir trop d'amour-propre empêche les autres de vous aimer.

C'EST NORMAL DE DÉSIRER CERTAINES CHOSES POUR SOI

En grandissant, vous avez appris que le monde ne vous appartenait pas et qu'il n'était pas possible d'obtenir tout ce que vous vouliez. Quand vous désiriez plus que ce que vous aviez, on vous amenait à vous sentir mal à l'aise et coupable d'égoïsme. Alors, en vue de trouver grâce aux yeux des autres, de leur être agréable, vous avez refoulé vos désirs.

En conséquence, vous avez commencé à agir tel un robot : mimer la volonté des autres pour gagner leur amour et être accepté. Peut-être même avez-vous culpabilisé d'avoir des ambitions, des rêves, parce que vous aviez admis que c'était mal de penser ainsi à soi.

Nous apprenons très tôt à avoir honte de nos désirs.

C'EST NORMAL DE VOULOIR SE RÉVÉLER TEL QU'ON EST

On laisse souvent entendre aux enfants que pour recevoir de l'amour, il faut qu'ils le gagnent. Vous en concluez que votre valeur ne réside pas en vous-même, mais en d'autres choses, telles que votre apparence, vos actes, votre réussite ou votre aptitude à faire ce qu'on attend de vous. Si lorsque vous étiez petit, l'amour qu'on vous donnait subissait de fortes fluctuations selon ce que vous faisiez, vous avez certainement fini par croire que votre valeur dépendait de votre capacité à faire plaisir aux autres. Votre amour-propre s'est dès lors défini en fonction de votre seule aptitude à être attentionné et généreux. Et c'est comme ça qu'on en vient à considérer que l'amour, ça s'achète…

En grandissant, vous avez probablement intégré l'idée qu'il fallait faire des efforts pour être aimé.

C'EST NORMAL DE COMMETTRE DES ERREURS

Les enfants s'adaptent très vite à la notion d'amour conditionnel. Ils comprennent rapidement que quand ils se comportent bien, ils gagnent de l'amour et que lorsqu'ils font des bêtises, ils en perdent. À l'inverse, on trouve des parents qui souhaitent ardemment chérir leur enfant d'un amour inconditionnel. Quand ce dernier commet une faute, ils ignorent volontairement le problème et prétendent que tout va bien. En conséquence, l'enfant perçoit inconsciemment leur désapprobation, voire leur rancœur, mais il n'a aucune opportunité d'être pardonné. Dans les deux cas de figure, l'enfant sait qu'il n'est pas parfait et qu'il ne mérite pas les éloges qu'on lui fait. Il apprend à douter de l'opinion positive qu'on se fait de lui, tout en craignant d'être désapprouvé.

Vous n'êtes pas parfait, c'est pourquoi vous vous sentirez indigne d'un tel compliment. Petit à petit, vous perdrez foi en l'amour qu'on vous porte.

C'EST NORMAL DE VOULOIR EXPRIMER SA PERSONNALITÉ

Parce que vous ressentiez le besoin de plaire à vos parents pour être aimé d'eux, vous avez progressivement perdu votre spontanéité. Vous vous êtes soucié d'être comme les autres et avez perdu l'opportunité d'explorer et d'exprimer ce qui faisait de vous un être unique. Hélas, quand on étouffe sa richesse intérieure, on vit avec un sentiment de frustration et d'échec car on a sacrifié son potentiel en faveur d'une certaine forme de réussite. Une part de soi veut s'exprimer, mais l'autre est en quête d'amour et d'acceptation. On muselle donc la première pour que la seconde obtienne ce dont elle a besoin.

Certaines personnes ont tellement peur du succès qu'elles enterrent leurs talents.

APPRENDRE À CROIRE EN L'AMOUR

Ce conditionnement social visant à obtenir de l'amour en se reniant soi-même a un effet désastreux : vous perdez la capacité de recevoir l'amour sincère qu'on pourrait vous porter ! Si une part de vous-même se cache sous un manteau d'apparences (que ce soit par un refus de vous exprimer pleinement ou par l'imitation des autres), vous ne pouvez tout bonnement pas croire en la sincérité de l'amour que les autres vous témoignent ! Sachant que vous faites justement tout pour leur plaire en vue de recevoir leur amour, c'est un comble ! Cela s'explique très simplement : dès qu'ils vous montrent de l'affection, une petite voix résonne en vous : « Ils ne penseraient certainement pas ça s'ils savaient qui tu es réellement ! ». Vous vous sentirez mal à l'aise avec les opinions positives qu'on émettra en votre faveur, parce que dans les efforts que vous prodiguez pour faire plaisir aux autres, vous n'exprimez jamais vraiment qui vous êtes.

Si vous ne vous aimez pas vous-même, vous devenez incapable de recevoir l'amour des autres.

CHAPITRE 2

COMMENT ON CACHE QUI L'ON EST

Quand vous avez envie d'être aimé et qu'à cette fin, vous faites tout pour plaire aux autres, vous apprenez à adopter une stratégie comportementale en vue d'obtenir ce dont vous avez besoin. Cette stratégie comportementale, qui évoluera selon la personne que vous côtoierez, vous fait jouer un rôle, que vous en soyez conscient ou non.

Ce chapitre présente les types de personnalité que vous êtes susceptible d'endosser le plus fréquemment. Vous pourrez vous reconnaître dans plusieurs d'entre eux, voire tous. Pour chaque catégorie, je vous suggère quelques astuces – non-exhaustives – pour cesser de jouer ce rôle et parvenir à révéler qui vous êtes réellement. Plus loin, je vous offrirai des exemples pratiques et très efficaces qui vous permettront d'accroître votre amour-propre ainsi que l'amour que vous portez aux autres.

CELUI QUI VISE L'EXCELLENCE

Cette personne a obtenu beaucoup d'amour en étant performante quand elle était enfant. L'excellence est ainsi devenue ce qui justifiait qu'on l'aime et qu'on la reconnaisse. Elle est toujours en train de jauger les attentes d'autrui et s'impose fréquemment des objectifs qui les surpassent. Elle est déterminée à réussir coûte que coûte, quitte à être stressée et à s'épuiser. Elle ne supporte ni la faiblesse ni la stupidité, que ce soit pour elle-même ou vis-à-vis des autres. C'est pourquoi elle se montre extrêmement critique.

Cette personne est obsédée par l'idée de réussite. Ce qui lui importe, c'est l'excellence. Pour elle, il n'y a pas de repos.

Tout au fond de lui, celui qui vise l'excellence a l'impression qu'il ne sera jamais vraiment à la hauteur, parce qu'il pourrait toujours mieux faire. Ce type de personnalité le rend extrêmement dépendant vis-à-vis des gens et très attaché à sa position sociale, parce que c'est la peur du rejet qui est son moteur. Il se sent habituellement responsable de tout. Si vous êtes dans ce cas de figure, essayez de vous détendre et apprenez qu'on peut vous aimer même quand vous n'êtes pas performant. Prenez des vacances, lisez des romans à l'eau de rose, faites baisser la pression (ça vous épargnera des problèmes d'hypertension artérielle) !

Celui qui vise l'excellence doit apprendre à se détendre. Il doit découvrir qu'il peut être aimé même s'il n'est pas performant.

CELUI QUI NE CESSE DE CRITIQUER

La personne qui est toujours en train de critiquer est à l'affût des erreurs des autres. Elle prend plaisir à dénigrer autrui. En général, cela indique qu'elle méprise une part d'elle-même et qu'elle la projette sur ceux qui l'entourent. Ses reproches sont souvent exagérés et ses jugements sont sévères. Dès qu'elle craint d'être jugée, elle riposte en enchaînant les critiques pleines de sarcasmes. Pour elle, la meilleure défense, c'est l'attaque, à grand renfort de propos négatifs.

Ce qu'une personne extrêmement critique déteste en elle, elle le pointera du doigt avec mépris chez les autres.

Une personne extrêmement critique tient absolument à ce que les autres changent ou qu'ils soient punis. Sous cette attitude, elle cache le désir inconscient de se changer elle-même. Elle apaise en réalité son propre sentiment d'incompétence en soulignant les défauts des autres. Si vous vous reconnaissez dans ces traits de personnalité, essayez de vous mettre à la place de ceux que vous critiquez, imaginez que vous marchiez dans leurs pas ; cherchez ce qui vous rend semblables. Ensuite, pardonnez-vous et pardonnez-leur de ne pas être parfaits. Tirez parti de votre faculté à déceler ce qui vous sépare pour mettre en lumière ce qui vous réunit !

L'AFFABULATEUR

L'affabulateur compense sa faible estime de soi en exagérant les faits et en fanfaronnant. En grandissant, cette personne a appris à recevoir de l'amour dès lors qu'elle travestissait la réalité, qu'elle se donnait en spectacle. L'affabulateur ne planifie pas ses mensonges ; il ment spontanément. Même si la réalité est de nature suffisante à capter l'attention des autres, il faut qu'il en rajoute !

Au plus profond de lui, l'affabulateur est persuadé de ne pas mériter d'être l'objet d'amour et d'attention. Il pense que la réalité de ce qu'il vit n'est pas suffisamment intéressante pour que les autres lui accordent de l'intérêt. D'ailleurs, lui-même la juge insignifiante. C'est pourquoi, il va déformer la réalité. Mais comme il ment sans cesse, il lui est impossible de croire que l'amour qu'on lui porte est sincère. Plus on se rapproche de lui, plus il se fait mystérieux, plus il se met sur la défensive. Plus il en rajoute, moins l'attention et l'appréciation d'autrui lui paraissent authentiques.

L'affabulateur a appris à attirer l'attention des autres en travestissant la réalité et en exagérant les faits.

L'affabulateur doit s'exercer à avoir des paroles qui soient conformes à la réalité. Je lui conseille de trouver une personne qui tient vraiment à lui et de lui confier tous les mensonges dont il a le souvenir. Ainsi, il pourra être rassuré en constatant qu'on l'aime toujours, tel qu'il est. Il doit apprendre à faire confiance aux autres et à lui-même. Il a besoin qu'on soit honnête avec lui, qu'on lui dise clairement ce qu'on pense de son attitude. Se montrer trop complaisant avec lui ne lui rendra pas service.

L'affabulateur doit apprendre à dire les choses telles qu'elles sont pour avoir le plaisir de constater qu'on l'aime comme il est.

L'ÉTERNELLE VICTIME

En général, cette personne a été profondément blessée durant son enfance. Elle en a retiré beaucoup de compassion. Elle ne se sent digne d'amour et de soutien que si elle peut mettre en avant un accident ou un événement tragique dont elle a été victime, ou au minimum évoquer ses blessures passées. Quoi qu'elle ait subi, elle rencontrera un grand intérêt auprès des autres. Si en racontant ce dont vous avez été victime, vous suscitez l'amour, l'attention et la compassion, soyez vigilant ! Vous pourriez vous enfermer dans un schéma comportemental qui associe le fait d'obtenir de l'amour à la narration de moments douloureux.

Et donc, à chaque fois que vous ressentirez le besoin d'être aimé, vous vous mettrez à ressasser votre passé ou à vous inventer de nouveaux traumatismes. Vous pourriez même vous rendre réellement malade juste pour en retirer un peu d'attention !

L'éternelle victime connaît un grand sentiment d'impuissance. Elle tente de contrôler les gens qui l'entourent en les amenant à se sentir

Quand une personne est victime d'actes monstrueux, vous pouvez être sûr que son récit suscitera un vif intérêt.

coupables. Elle refuse d'être responsable de sa vie. Elle fait tout pour que les autres aient envie de la satisfaire et qu'ils contribuent à la rendre heureuse. L'éternelle victime doit développer sa force intérieure en assumant la responsabilité de ce qu'elle fait de sa vie. Il faut qu'elle dénoue ce qu'elle a engrangé comme colère et comme souffrance et qu'elle parvienne à pardonner.

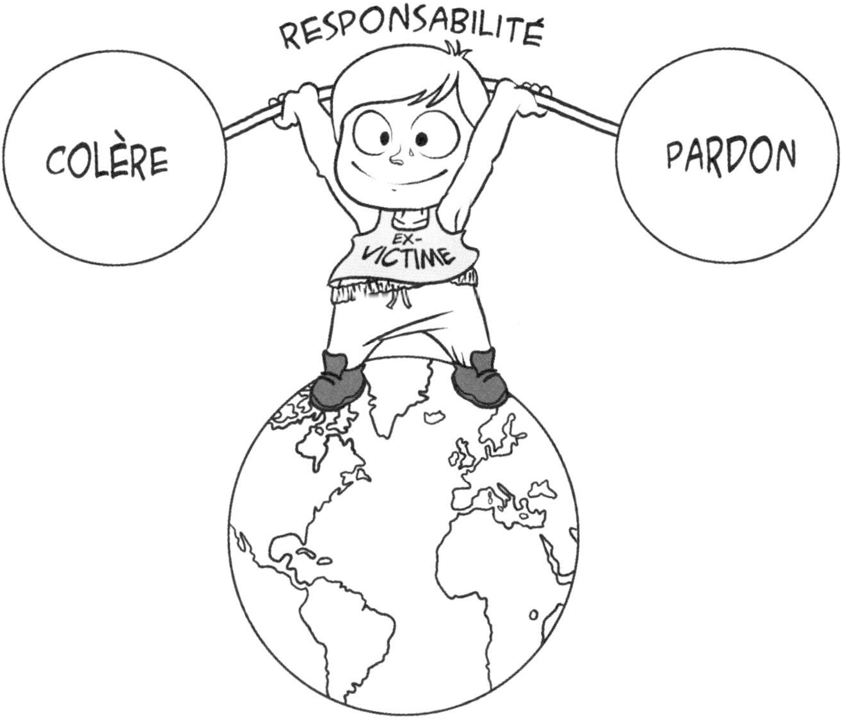

L'éternelle victime doit développer sa force intérieure en assumant la responsabilité de ce qu'elle fait de sa vie. Elle doit exprimer sa colère, puis pratiquer le pardon.

CELUI QUI EST TOUJOURS GENTIL

C'est quelqu'un qui est toujours de bonne humeur, quelqu'un de très agréable. C'est un bon ami. Il est généralement très entouré. Celui qui se montre gentil en tout temps a appris quand il était petit qu'en se conformant aux désirs des autres, il était récompensé par un cadeau, un sourire ou une étreinte affectueuse. Il se soumet sans jamais rechigner aux règlements et aux lois. Il cherche constamment à faire plaisir aux autres en faisant ce qu'on attend de lui. Il ne sait pas dire « non ». C'est quelqu'un qui ne se met jamais en colère, mais qui accepte et s'adapte à chaque nouvelle situation. Il ne fait jamais de vagues.

En apparence, cette personne a l'air heureuse de faire partie d'un groupe social. Mais intérieurement, elle se sent vide et seule. Elle a très peur d'être elle-même, parce que cela pourrait lui valoir une désapprobation. Elle a donc progressivement perdu contact avec ce qu'elle souhaite et qui elle est. Même si elle se plie à tous les ordres, elle se sent manipulée et a l'impression qu'on abuse d'elle. Sa vie lui semble en outre terne et ennuyeuse. Elle est prise au piège, car si elle cesse de jouer son rôle, les autres réaliseront que finalement, elle n'est pas si gentille que ça. C'est quelqu'un qui est parvenu à réprimer tout ce qui le rendait unique, jusqu'à ne plus exister qu'à travers la volonté des autres.

La gentille personne a besoin d'apprendre à dire non, à exprimer son désaccord. Elle doit prendre le risque de révéler qu'en elle réside quelqu'un qui n'est pas toujours très sympathique. C'est seulement à cette condition qu'elle pourra constater qu'on l'aimera pour ce qu'elle est. D'ailleurs certains seront séduits par son authenticité et se sentiront bien plus proches d'elle !

Une personne gentille fait toujours ce qu'on attend d'elle, quitte à en oublier ses propres désirs.

Celui qui est toujours gentil doit apprendre à dire « non » et à s'y tenir.

CELUI QUI A TOUJOURS RAISON

Cette personne a intégré l'idée que si elle commet des erreurs, les gens ne l'aimeront pas, ou même qu'ils la considéreront comme étant mauvaise. Alors, pour être aimée, elle va chercher à avoir raison coûte que coûte. Il lui devient impossible de dire qu'elle a eu tort ou de confesser ses fautes, tant il lui serait douloureux de perdre l'estime et l'affection des autres. Celui qui veut toujours avoir raison n'hésite pas à

Certains sont incapables d'admettre qu'ils ont tort. Simplement parce que cela pourrait leur valoir d'être moins aimés.

affirmer que ce sont les autres qui sont dans l'erreur. Il trouve une excuse valable à tout ce qu'il fait. Il peut même devenir un grand professeur (un donneur de leçons serait plus juste, car n'essayez pas de discuter avec lui. En cas de désaccord, vous aurez toujours tort !).

Celui qui veut toujours avoir raison doit apprendre à dire : « Je suis désolé » quand il commet une erreur, même s'il a une bonne excuse. Le fait de tenir à aborder les choses sous un angle purement rationnel et de se trouver des excuses lui permet de se couper de ses émotions, et principalement du sentiment de culpabilité. Cette personne doit apprendre qu'on l'aimera même si elle a tort ou si elle commet des erreurs.

Celui qui veut toujours avoir raison doit apprendre à dire qu'il est désolé quand il commet des erreurs.

LE COLÉRIQUE PATENTÉ

Cette personne pense que le monde entier lui en veut. Exprimer de la colère, c'est pour elle une manière de montrer les crocs pour braver l'adversité. Cet individu est en réalité habité par un grand sentiment d'impuissance. De ce fait, il cherche constamment à se protéger. Et pour compenser sa faiblesse, il refuse d'être comblé par ceux qui l'entourent. Rien ne peut jamais le satisfaire. Il projette son propre sentiment d'incompétence sur les autres qui, évidemment, le déçoivent et le rendent amer. Cette personne a l'impression que la vie est injuste envers elle et tente de se venger sur les autres. Un rien l'exaspère ! À la moindre broutille, c'est comme si elle se remémorait toutes les injustices dont elle se sent victime. Elle se délecte des échecs des autres, se complaît à constater leurs faiblesses, ce qui la pousse à entrer dans un rapport de compétition acharné. Le colérique patenté est emprisonné par une

Celui qui est toujours en colère se sent floué par l'existence et tente de se venger sur les autres.

vision négative d'autrui qui ne sert qu'à masquer la mauvaise opinion qu'il a de lui-même et de ses propres blessures. Il doit apprendre qu'il mérite d'être aimé, quand bien même il lui arriverait de ne pas être à la hauteur dans certains domaines. Je lui préconise de pratiquer l'écriture émotionnelle et de s'entraîner au pardon de manière quotidienne. C'est en aimant les autres et en pardonnant leurs failles qu'il parviendra à s'aimer lui-même et à se montrer indulgent envers ses propres défauts.

CELUI QUI DONNE UNE FAUSSE IMAGE DE LUI

Nous avons là quelqu'un qui a joué tant de rôles qu'il en est venu à ne plus savoir exactement qui il est ! Derrière chacun de ses masques se trouve un autre que lui. Il joue constamment la comédie et s'adapte aux réactions et avis des autres. Il évite consciencieusement toute polémique. Pour qu'on l'apprécie, il se spécialise dans l'art d'impressionner son entourage. En incarnant le personnage qu'il imagine plaisant pour autrui, il se montre hypocrite et se transforme en imposteur. Il est fort probable que la personne donnant une fausse image d'elle-même ne se soit jamais réellement sentie aimée durant son enfance. Elle en a déduit que pour obtenir de l'amour, il fallait répondre aux attentes des autres en travestissant sa personnalité. Hélas, cette attitude l'a rendue incapable de croire en l'amour qu'on lui manifeste parce qu'au fond d'elle-même, elle sait qu'elle ment et que les autres ignorent qui elle est vraiment. Ils n'aiment que l'image qu'elle leur renvoie…

La personne qui porte un masque en vient à oublier qui elle est. Derrière chacun de ses rôles, c'est un être différent d'elle qui s'exprime.

CELUI QUI CROIT TOUT CE QU'ON LUI DIT

Cette personne est devenue si dépendante de l'avis des autres qu'elle n'a plus confiance en ses propres jugements. Durant son enfance, elle a appris que pour mériter d'être aimée, elle devait adopter le point de vue des autres. Elle a donc hérité de leurs certitudes. Si vous avez ce type de personne dans votre entourage, tout va bien tant que vos opinions coïncident. Par contre, il vaut mieux ne pas la contredire car vous

Celui qui a toujours foi en l'avis d'un autre perd contact avec la réalité.

deviendriez son ennemi. C'est quelqu'un qui se dépossède volontairement de sa responsabilité et qui attend que les autres résolvent ses difficultés. Il attend que vous l'aimiez parce qu'il est d'accord avec vous. Si vous décevez ses attentes irréalistes, il vous retirera son soutien et son amour. Il n'a jamais vraiment accepté que ses parents soient des êtres imparfaits. Il nourrit toujours de grands espoirs, mais les autres finissent toujours par le laisser tomber ; et ils continueront de le faire jusqu'au jour où il commencera enfin à avoir foi en lui !

Cette personne doit assumer ses propres responsabilités et pardonner celles et ceux qui l'ont abandonnée. Il faut qu'elle interroge toutes les convictions qu'on lui a transmises à l'aune de ses expériences personnelles. Il est indispensable qu'elle apprenne à écouter son ressenti, à croire en ses intuitions et en ses choix. Elle doit réaliser qu'il lui appartient de diriger son existence et qu'elle doit être l'artisan de sa sagesse.

Celui qui a une foi totale en l'avis d'un autre doit apprendre à se fier à sa propre expérience.

LE GRAND TIMIDE

La réaction primaire de cet individu face aux autres, c'est la crainte : celle d'être critiqué, d'être jugé sur la base de ses échecs et d'être inévitablement rejeté. Il ne pense pas vraiment être digne d'être aimé. On lui a enseigné que les autres ne l'accepteraient que sous certaines conditions, alors, quand ces dernières font défaut, il a peur qu'on le repousse.

L'émotion qui gouverne le grand timide est la peur. Par manque de confiance en lui-même, il doute qu'on puisse l'aimer.

On le trouve parfois sous les traits d'un artiste brillant sur scène mais qui redevient terriblement peu sûr de lui et effacé une fois que le spectacle est terminé. Pour remédier à son problème, il faut qu'il accepte de prendre des risques. À cette fin, je lui conseille de se projeter mentalement dans une situation risquée, de se visualiser en train de s'en sortir, puis de passer à l'acte. Ainsi, il nourrira progressivement la confiance qui lui manque et il chassera sa peur des autres. Il faut qu'il s'affirme davantage pour avoir plus d'assurance et pour être à même de faire confiance aux autres.

Le grand timide doit visualiser positivement une situation à risque et passer à l'acte. C'est ainsi qu'il acquerra plus de confiance en lui.

LE FRIMEUR

Le frimeur est persuadé que ses biens matériels et sa réussite occulteront ses faiblesses. Il s'évertue à contrer la faible opinion qu'il a de lui en accumulant des biens de grande valeur qui lui vaudront l'attention et la reconnaissance auxquelles il aspire. Pour lui, argent a fini par rimer avec amour. Et donc, ne plus avoir d'argent l'angoisse car c'est risquer de ne plus être aimé ! Il est incapable de demander de l'amour ; il tente de l'acheter… Il ne parvient pas à partager ses émotions de manière verbale ; il préfère offrir des cadeaux (ou refuser de le faire quand il veut marquer

Le frimeur pense que ce qu'il peut afficher sur le plan matériel suffit à occulter ses faiblesses.

sa désapprobation). Malheureusement pour lui, le frimeur n'est pas en mesure d'apprécier l'amour qu'on lui porte, parce qu'il se dit qu'on ne s'intéresse à lui que pour sa réussite et sa richesse, pas pour ce qu'il est. À vrai dire, il a plutôt l'impression qu'on se sert de lui.

Cette personne a besoin d'apprendre à partager ses émotions ; il lui faut permettre aux autres de la voir telle qu'elle est. Elle doit développer une meilleure conscience et opinion d'elle-même ; soigner son moi intérieur plutôt que les apparences. C'est alors qu'elle comprendra qu'elle peut être aimée pour ce qu'elle est et non pour ce qu'elle fait.

Le frimeur doit apprendre à communiquer ses émotions pour permettre aux autres de le voir tel qu'il est.

LE SOLITAIRE

Cette personne veut prouver qu'elle n'a aucun besoin des autres. Durant son enfance, elle a dû manquer d'amour et de reconnaissance. Pour ne pas souffrir, elle a décidé qu'elle n'en avait pas besoin ! Elle a appris à se suffire à elle-même. Le solitaire est en réalité quelqu'un d'incroyablement sensible et attentionné, mais il a trop souffert pour laisser ces qualités s'exprimer. Avec le temps, il s'est mis à prendre de la distance, à se couper de ses émotions, parce qu'aller à leur rencontre serait pour lui trop douloureux. Il se sent coupable d'avoir autant besoin d'amour ; c'est pour cette raison qu'il refoule ce besoin. « Je peux le

Le solitaire a été privé d'amour et de reconnaissance. Pour ne plus en souffrir, il a décidé qu'il n'en avait nul besoin.

faire tout seul », « Je n'ai pas besoin de vous », voilà ce qu'il affirme avec fierté. Et c'est justement parce qu'il refuse de partager ce qu'il ressent qu'il est systématiquement blessé et déçu dans ses relations amoureuses. Comme il s'en veut d'avoir des besoins affectifs, il éprouve de la rancune à l'égard de son (ou sa) partenaire parce qu'il se sent obligé de combler ses besoins. Pour le solitaire, c'est un signe de faiblesse que d'avoir des besoins affectifs !

Le plus simple, pour un solitaire, c'est d'éviter les relations amoureuses et de vivre seul. Plus ses besoins émotionnels se rappellent à lui, plus il fuit ! C'est ainsi qu'il en vient à repousser l'amour qui lui fait si cruellement défaut !

Le solitaire doit exprimer ses besoins et ses souhaits. Il est important qu'il communique aux autres ses attentes et ses déceptions.

Il faut que le solitaire apprenne à raconter ses blessures, qu'il partage ses émotions. Les autres doivent savoir quels sont ses désirs secrets et ce qui le déçoit. Dès qu'il ressent l'envie de bouder et de se mettre à l'écart, il doit trouver une personne de confiance et exprimer ce qu'il a sur le cœur. Le solitaire doit comprendre que « besoin » n'est pas un vilain mot. Il doit chercher autour de lui des gens qui pourront combler son besoin d'amour.

LE MARTYR

La martyre a appris qu'aimer était synonyme de sacrifice ou de renoncement.

Celui qui s'expose en martyr est persuadé que lorsqu'on aime, il faut faire passer les autres avant soi. Il est possible que durant son enfance, ses parents lui aient constamment rappelé qu'ils se privaient pour lui et qu'ils attendaient la même chose en retour. Pour lui, aimer est une tâche fastidieuse parce qu'il s'oblige fréquemment à faire ce qu'il préférerait éviter ou à laisser tomber ce qui lui ferait plaisir. Le martyr ne peut pas être lui-même, parce qu'à ses yeux, ce serait de l'égoïsme ! Cette personne évoquera aisément l'altruisme pour justifier son attitude sacrificielle. Cependant, chez elle, le don de soi est loin d'être inconditionnel. Si elle met ses besoins au second plan, c'est qu'elle espère obtenir autant en retour ! L'objet de son amour doit être prêt aux

La personne qui se sacrifie pour les autres doit alléger la charge qu'elle met sur les relations amoureuses et sur l'amour en général.

mêmes sacrifices qu'elle. « J'ai souffert pour toi, alors tu dois souffrir pour moi ». Pour ce genre d'individu, la souffrance est une vertu qui symbolise l'amour véritable.

Le martyr doit apprendre à alléger la lourde charge qu'il fait peser sur l'amour. Il faut qu'il guérisse du ressentiment et de la colère qu'il a nourris envers ses parents et tous ceux qui ont contribué à ce qu'il se sente coupable d'être aimé et redevable de sacrifices. Il doit leur pardonner. Il faut qu'il apprenne à donner sans attendre d'être récompensé dans la même mesure. Dans le même temps, il apprendra à ne pas toujours mettre ses besoins et désirs de côté.

À QUEL POINT ÊTES-VOUS CAPABLE DE CACHER QUI VOUS ÊTES ?

Voyons ensemble comment vous vous en sortez à ce petit jeu ! Vous allez vous attribuer des points sur une échelle allant de 1 à 5 pour chaque type de personnalité décrit (1 signifie que vous jouez rarement ce rôle, 3 signifie que vous jouez souvent ce rôle, 5 signifie que vous collez parfaitement à la description). Pour vous familiariser avec ce genre d'exercice, vous pouvez le pratiquer en évaluant vos amis ou les membres

de votre famille. Plus vous serez capable de déceler ces différents types de personnalité chez vos proches, plus vous serez à même de les identifier chez vous. Ainsi, vous pourrez commencer à vous améliorer !

Alors ? Qu'en est-il pour vous ? Et pour vos parents ?

N'oubliez pas ceci : à moins de prendre conscience de votre schéma comportemental, vous n'avez pas d'autre choix que de le reproduire !

Pour chaque type de personnalité vous concernant, suivez les instructions que je détaille au chapitre 8. Grâce à ces soins émotionnels, vous serez sur la bonne voie, celle qui mène à l'amour de soi !

Maintenant que nous avons examiné certaines des raisons pour lesquelles nous manquons d'estime de soi, penchons-nous sur les relations de couple. Nous allons voir pourquoi l'amour n'y règne pas toujours comme il le devrait…

	Vous	Maman	Papa
1. Celui qui vise l'excellence	1	1	1
2. Celui qui ne cesse de critiquer	3	5	1
3. L'affabulateur	1	5	1
4. L'éternelle victime	3	3	1
5. Celui qui est toujours gentil	5	1	5
6. Celui qui a toujours raison	1	5	1
7. Le colérique patenté	1	3	1
8. Celui qui donne une fausse image de lui	3	5	1
9. Celui qui croit tout ce qu'on lui dit	5	1	3
10. Le grand timide	1	1	1
11. Le frimeur	1	5	1
12. Le solitaire	3	1	3
13. Le martyr	5	5	1

Quand une histoire d'amour débute, on n'en planifie pas la fin. Mais quand elle survient, on en souffre amèrement.

CHAPITRE 3

QUE SE PRODUIT-IL AU SEIN D'UN COUPLE ?

Il est si facile de tomber amoureux... C'est tout autre chose de le rester ! Et pourtant, au début d'une histoire d'amour, nous aimerions tous qu'elle ne cesse jamais... Personne ne décide de se marier en disant à son futur conjoint : « Mon adoré(e), j'ai pensé que nous pourrions nous marier et passer deux ou trois ans à être heureux ensemble. Ensuite, on se lassera l'un de l'autre et on divorcera. Qu'en dis-tu ? ». Ni même : « Oh, mon amour, vivons ensemble ! Nous aurons une vie sexuelle épanouie pendant cinq ans et après, nous nous disputerons, nous accumulerons les rancœurs et nous aurons des relations extraconjugales avant de nous séparer ! ». Personne ne succombe à l'amour en planifiant de s'en défaire ! Néanmoins, il arrive que l'amour disparaisse. Et quand ça survient, ça fait mal.

QUELLE EST LA NORME ?

Aux États-Unis, environ un mariage sur deux finit par un divorce. Et parmi ceux qui durent, on retrouve beaucoup de gens qui ne s'aiment plus et ne sont plus heureux ensemble. Ces statistiques ne sont guère encourageantes ! Le message qu'elles transmettent aux candidats au mariage, c'est qu'ils ont 55 % de risque de divorcer [En France, c'est environ 45 %, NdT]. Que vous ayez officialisé votre union ou pas, le même pronostic déplaisant pèse sur votre couple ! Votre potentiel de réussite est faible : miseriez-vous votre argent dans une société qui présenterait autant de risques de faire faillite ? C'est peu probable. Et pourtant, comme la plupart des gens, vous continuez à vous investir dans une relation de couple sans même vous demander comment éviter de rejoindre tous ceux qui ont échoué avant vous !

Il n'existe aucun moyen de garantir qu'une union résistera au temps. Par contre, il est possible d'apprendre à préserver l'amour qui vous unit ! Intéressons-nous de plus près à tous ces mariages qui ne finissent pas par un divorce… Posez-vous un instant et réfléchissez au nombre de couples dont la relation ressemble à ce que vous aimeriez partager avec votre conjoint. Si vous êtes comme la plupart des gens, il vous sera difficile de trouver de nombreux exemples autour de vous ! Les chiffres indiquent que 40 à 70 % des couples mariés ne sont plus satisfaits de leur conjoint et ont été infidèles ! Une étude récente indique même que plus le revenu du ménage est élevé, plus le nombre d'aventures extraconjugales est important ! Il semble donc évident que l'argent ne suffit pas à rendre une union heureuse. Le rêve américain qui consiste à avoir une maison, deux voitures et une famille heureuse vire au divorce de trop nombreuses fois !

Beaucoup de gens en couple sont incapables de faire face à leurs problèmes et d'admettre qu'ils ne sont pas satisfaits de ce qu'ils vivent. Ils prétendent être heureux alors qu'en réalité, ils sont pleins

Quand on n'est plus satisfait par son partenaire,
il se peut qu'on commence à fantasmer sur quelqu'un d'autre.

d'amertume, de tristesse ou d'indifférence. Cette attitude est compréhensible : voir la réalité leur ferait trop mal… Ils craignent de regarder les choses telles qu'elles sont car ils se sentent démunis. Ils préservent donc les apparences alors qu'à l'intérieur d'eux-mêmes ils meurent à petit feu… Parfois, l'endroit où on se sent le plus seul au monde, c'est juste à côté de quelqu'un qui ne nous aime plus ou qu'on a cessé

Certaines personnes donnent l'apparence d'un couple uni quand en réalité, leur amour est mort.

d'aimer. N'avez-vous jamais été surpris par la séparation d'un couple dont vous étiez persuadé qu'ils étaient faits l'un pour l'autre ? Leur amour était mort, mais ils n'en avaient rien laissé paraître !

QUELLES SONT LES OPTIONS ?

La plupart du temps, les gens ne savent pas comment résoudre leurs difficultés de couple avec une attitude aimante. Ils finissent par les aborder de plusieurs manières que nous allons passer en revue.

Une des manières de traiter nos problèmes, c'est de considérer que ce sont les autres qui en sont responsables.

La première option, c'est tout simplement d'ignorer ses problèmes et d'espérer qu'ils disparaîtront d'eux-mêmes. La deuxième, c'est de trouver une raison à ses soucis, puis de se dire qu'aucune relation n'est parfaite et qu'attendre davantage serait immature et irréaliste. On peut aussi considérer que tout est de la faute de l'autre. Comme il est possible

Contrairement à ce qu'on pense communément, le couple n'est pas destiné à sombrer dans la médiocrité ou dans l'ennui.

de changer de partenaire, très souvent pour réaliser après quelque temps qu'on doit affronter le même type de problèmes que précédemment. Certains font le choix d'aller d'aventure en aventure, en évitant soigneusement les conflits. Et pour finir, certains sont moins effrayés par l'idée de rester en couple que de briser la relation, même si elle est décevante. Alors, ils baissent les bras. Si vous êtes l'un d'eux, j'espère que la lecture de ce livre vous aidera à oser affronter vos problèmes pour commencer à les résoudre plutôt que de vous résigner à mener une vie dépourvue d'amour !

Très fréquemment, les gens en couple depuis longtemps disent qu'ils aiment toujours la personne avec laquelle ils vivent, mais qu'ils ne se sentent plus amoureux d'elle. Et malheureusement, la réponse qui leur est généralement faite (par les amis, la famille ou même un thérapeute) est : « Ne sois pas si immature ! L'amour romantique ne dure qu'un temps, c'est un fait ! Quand on se met en couple, on sacrifie la passion pour obtenir un sentiment de sécurité ! ». Contrairement à cette croyance populaire, je crois que l'amour et la romance peuvent perdurer. Le couple n'est pas fatalement voué à se muer en relation médiocre et ennuyeuse. La flamme qui vous animait au commencement peut continuer à briller et parfois même un peu plus fort ! Pensez à la dernière fois que vous avez croisé un couple d'amoureux qui semblaient vraiment heureux d'être ensemble. Vous vous êtes probablement dit qu'ils venaient juste de se rencontrer ou alors, qu'ils étaient juste amants. On nous conditionne à penser ainsi dès notre plus jeune âge !

Certains se sentent profondément mal à l'aise quand ils voient un couple d'amoureux.

QUI VOUS A APPRIS CE QU'ÉTAIT L'AMOUR ?

Bien avant de vivre votre première relation intime, vous étiez déjà formaté.

Ça ne vous plaira pas forcément de le lire, mais *vous avez appris comment l amour devait s exprimer dans le couple par l exemple de vos parents.* Cette éducation s'est implantée en vous avant l'âge de six ans et il est fort probable que vous n'ayez pas conscience de l'influence qu'elle a eue sur vous. Si vous avez vu vos parents se mentir, vous avez appris le mensonge. S'ils se cachaient leurs sentiments réels, vous avez appris à cacher les vôtres. Si vous les avez surpris en train de se réprimander, vous avez appris à réprimander et à refuser votre amour. Bien avant de vivre votre première histoire d'amour, vous aviez déjà intégré un modèle de relations affectives. Et malheureusement, il est possible que vous en ayez appris davantage en matière de querelles et de manque d'amour que sur l'art d'aimer et de communiquer avec bienveillance et efficacité.

Aimeriez-vous vivre la même histoire d'amour que vos parents ?

Si vous souhaitez que votre histoire d'amour fonctionne, vous devez admettre que vous avez encore des choses à apprendre à ce sujet.

RÉAPPRENDRE À AIMER

Si vous ambitionnez d'avoir une vie de couple meilleure que celle de vos parents, si vous souhaitez vraiment que l'amour soit au rendez-vous, il va falloir y travailler ! Commencez par admettre que vous avez besoin d'apprendre à aimer et que visiblement, en regardant autour de vous, beaucoup d'autres en auraient besoin ! Défaites-vous de votre fierté et reconnectez-vous à votre besoin d'être plus proche de votre conjoint, davantage apprécié et aimé. Le moyen le plus simple, c'est encore de vous dire que vous ne savez rien sur l'amour, d'adopter l'attitude du novice en ouvrant votre esprit à ce qui suit.

Enrichir une relation de couple est un art et une science, tout comme construire un pont, préparer un repas ou jouer d'un instrument de musique. Il faut une certaine habileté et une pratique quotidienne. Comme pour tous les arts et toutes les sciences, apprendre à enrichir sa relation de couple peut sembler mystérieux de prime abord, voire impossible à comprendre, jusqu'à ce que vous ayez suffisamment travaillé pour exceller en la matière. Ensuite, ce sera comme une seconde nature ! Croyez-moi, c'est tout à fait possible : avec mon aide, des milliers de personnes sont parvenues à le faire ! Poursuivez donc votre lecture avec un esprit confiant et la volonté de tout mettre en œuvre pour devenir un expert de l'amour !

ENRICHIR SA RELATION DE COUPLE

Que ce soit consciemment ou inconsciemment, nous cherchons tous à rendre nos relations de couple meilleures. Même ceux qui agissent comme s'ils s'en moquaient cachent sous cette armure un esprit doux qui ne demande qu'à aimer et être aimé. Derrière chaque motivation et chaque acte se manifeste une envie d'amour, de reconnaissance et de partage.

Si tout le monde essaie d'être plus aimant, plus gentil avec les autres, pourquoi y a-t-il autant de divorces, autant de familles déchirées ? Pourquoi tant de personnes seules ? Pourquoi les gens continuent-ils à se faire du mal ?

Parce qu'évoquer l'amour et être animé de bonnes intentions, ça ne suffit pas. J'ai accompagné des couples en difficulté durant de nombreuses années et j'ai réalisé qu'il n'y avait rien de mal en chacun d'eux. Ce qui posait problème, c'était la méthode qu'ils utilisaient pour

Sous un air intimidant se cache toujours un esprit doux qui souhaite aimer et être aimé.

améliorer leur vie de couple ! La plupart des gens commencent par travailler sur la relation et finissent déçus et sans le moindre espoir. En général, ils ne savent pas communiquer de manière efficace et c'est pourquoi, plus ils essaient de recoller les morceaux, moins la relation fonctionne. En conséquence, les problèmes sont finalement ignorés et ils s'accumulent au fil du temps. Ils acceptent la situation telle qu'elle est car ils ne savent pas comment résoudre leurs difficultés. Nombreux sont d'ailleurs ceux qui ne voient pas d'autre alternative que de rompre pour éventuellement remettre ça avec quelqu'un d'autre.

Les gens sont blasés en amour parce qu'on ne leur a pas fourni la bonne méthode pour que ça marche.

Comme elles ne sont pas satisfaites de leur vie de couple, de nombreuses personnes sont obsédées par l'idée de changer en espérant que cela améliorera leur quotidien. Pourtant, faire une plus grande place à l'amour n'a rien à voir avec le fait de nier qui l'on est, ni même de vouloir changer les autres ! Au contraire, faire cela s'oppose à l'amour. Plus vous allez changer votre comportement dans le but de plaire aux autres, de faire ce qu'ils attendent de vous, moins vous serez vous-même et plus il sera difficile aux autres de vous aimer tel que vous êtes !

Plus vous essayez de vous changer pour plaire aux autres, moins vous êtes capable de vous aimer tel que vous êtes.

Il n'y a rien de mal dans le fait de vouloir changer, sauf quand cela vous empêche d'être vous-même. Tant qu'un changement est lié à une mauvaise estime de soi, il est impossible qu'il soit générateur d'amour. Vous pourrez peut-être y gagner en pouvoir, avoir un meilleur emploi, peut-être même vous faire de nouveaux amis, mais vous y perdrez l'essentiel : l'amour de vous-même. Vous aurez peut-être convaincu certaines personnes que vous valez la peine d'être aimé, mais au plus profond de vous, vous ne vous sentirez ni aimé, ni même accepté.

Le développement personnel n'est pas en mesure de vous apporter plus d'amour s'il est motivé par un dégoût de soi.

Il vous arrive souvent de dire la vérité en omettant certains faits. Dire toute la vérité, c'est plus que de la simple honnêteté.

CHAPITRE 4

IL EST ESSENTIEL DE DIRE LA VÉRITÉ

Il m'a fallu onze années, durant lesquelles j'ai élaboré des programmes détaillés permettant de modifier le comportement (avec des degrés de réussite divers), pour découvrir l'élément essentiel qui permet de mieux s'aimer soi-même et d'enrichir sa relation de couple.

Il faut devenir capable de partager toute la vérité concernant ce que l'on ressent.

C'est foncièrement différent du fait de s'abstenir de mentir ou d'être simplement honnête. Il vous est certainement arrivé à plusieurs reprises d'omettre volontairement certains faits quand vous disiez la vérité. Parfois, vous avez peut-être même déformé la réalité quand cette dernière ne vous convenait pas. Souriez-vous lorsque vous êtes en colère ? Vous êtes-vous déjà comporté de manière agressive quand vous étiez apeuré ? Vous arrive-t-il de rire, d'avoir l'air léger, quand vous vous sentez en réalité triste et rejeté ? Avez-vous déjà accusé quelqu'un alors que vous vous sentiez coupable ? C'est ce que j'entends par « ne pas dire toute la vérité ».

Dire toute la vérité sur ce que vous ressentez est indispensable. C'est la première étape pour éliminer les tensions nerveuses et pour enrichir vos relations. Il faut donc en premier lieu que vous preniez conscience de vos émotions. L'être humain est très doué quand il s'agit d'ignorer ce qu'il ressent. Il travestit avec brio ce qu'il porte au fond de lui et, au bout du compte, il cache et réprime ce qu'il est. Parfois, il est si habile à ce jeu qu'il finit par croire à ses propres mensonges ! C'est ainsi que l'on peut progressivement perdre contact avec ce que l'on ressent. Il devient ensuite très difficile de l'exprimer, même si on le souhaite.

Votre capacité à ressentir l'amour est corrélée à votre aptitude à exprimer ce que vous ressentez réellement. Plus on est authentique,

Beaucoup de personnes excellent dans l'art de cacher leurs émotions.

plus on peut faire l'expérience de l'amour. Les relations honnêtes au sein desquelles on peut communiquer de manière directe et efficace sont une source grandissante d'amour et d'estime de soi. Il n'est pas rare que l'on cherche à travers un certain type de relation à se protéger soi-même de la vérité. C'est un peu comme si on portait une pancarte sur laquelle on aurait inscrit : « Si tu ne me dis pas la vérité, je ne la dirai pas non plus ». C'est peut-être facile et confortable sur le plan relationnel, mais ça ne permet en aucun cas de faire grandir l'estime et l'amour de soi.

Votre aptitude à ressentir l'amour est directement proportionnelle à votre capacité de dire toute la vérité.

L'EFFET ICEBERG

Si vous voulez être à même de dire toute la vérité, il vous faut d'abord l'approcher. Or, la plupart d'entre nous ignorent ce qu'est la vérité. Ceci est dû à un phénomène que l'on appelle l'effet iceberg. Si en naviguant dans l'Arctique vous apercevez un iceberg, vous ne verrez qu'un dixième de sa taille. Eh bien, vos émotions sont pareilles à cet iceberg. La plupart du temps, les autres n'en perçoivent qu'une infime partie. Et d'ailleurs, vous aussi ! Sur le plan conscient, vous n'avez pas accès à toutes vos émotions ; la plupart sont profondément enterrées en vous. Il devient donc difficile de dire toute la vérité quand cette dernière est un mystère pour soi !

Nos émotions sont comme un iceberg : nous n'en montrons pas grand-chose, la plus grosse partie est immergée.

HABITEZ VOTRE CŒUR, PAS VOTRE TÊTE !

Refouler ses émotions, c'est un mécanisme de défense que l'on développe au fil du temps. Quand on ne parvient pas à gérer ce qu'on ressent, ni à l'exprimer pleinement, on apprend à l'enterrer bien au fond de soi en souhaitant que cela disparaisse. Au bout de quelques années passées à ignorer et réprimer votre ressenti, vous avez acquis la malheureuse habitude de refouler immédiatement toute émotion qui vous semble risquée, inacceptable ou déroutante. Au bout du compte, vous n'exprimez plus que les émotions qui ne viendront pas perturber votre vie ou celle des autres. De cette manière, vous vous sentez en sécurité et accepté. C'est dans votre tête que vous décidez de ce qu'il convient de ressentir, plutôt que de laisser vos émotions spontanément émerger de votre cœur.

Quand on réprime ses émotions, on finit par ne plus ressentir. Au lieu de cela, on se demande ce qu'il convient de ressentir.

QUE RESSENTEZ-VOUS VRAIMENT ?

Si vous avez perdu contact avec votre véritable personnalité, c'est parce que vous avez réprimé certains de vos ressentis émotionnels. Pour progresser sur le plan personnel, vous allez donc devoir les déterrer et les identifier ! Au terme de plusieurs années de recherches, j'ai élaboré une carte universelle des émotions qui vous permettra de mieux faire le point sur les vôtres. Lorsque vous êtes énervé et incapable de gérer une situation donnée, vous expérimentez inconsciemment plusieurs niveaux émotionnels en même temps.

Il est essentiel de déterrer les émotions qu'on a enfouies en soi pour gagner en détermination et en réflexion.

Ces niveaux émotionnels sont :

I. **Colère**, reproches, ressentiment
2. **Souffrance**, tristesse, déception
3. **Peur** et insécurité
4. **Culpabilité**, remords, regrets
5. **Amour**, compréhension, pardon, désir

L'exacte vérité s'exprime sur plusieurs niveaux. Il est tout à fait normal d'expérimenter simultanément des émotions contradictoires.

Vouloir exprimer toute la vérité de ce que l'on ressent nécessite d'explorer différents niveaux émotionnels. En temps normal, nous ne sommes conscients que d'une émotion à la fois, mais les autres sont néanmoins présentes. Si vous devenez capables d'explorer et d'exprimer pleinement ces différents niveaux émotionnels, vos contrariétés se dissiperont facilement. Il vous faudra donc accorder de l'intérêt à toutes les émotions qui vous animent. Si vous en omettez certaines, non seulement vous n'aurez pas totalement réglé ce qui vous pose problème, mais vous risquez de refouler vos émotions négatives et de transporter ce bagage affectif de relation en relation… Par contre, en verbalisant toutes vos émotions négatives, il vous deviendra possible de spontanément vous connecter à l'amour et à la compréhension.

En exprimant pleinement vos ressentis négatifs, vous expérimentez spontanément l'amour et la compréhension.

Sous toute émotion négative, il y a de l'amour prêt à jaillir.

Une grande partie de nos échecs relationnels découle de ce qu'on ne révèle que partiellement la vérité de nos sentiments. Souvent, quand les gens se décident à exprimer ce qu'ils ressentent, ils se focalisent sur les niveaux supérieurs. Ils négligent de nombreuses émotions, dont celles qui sont immergées sous leurs ressentis négatifs. Or, c'est là que résident les émotions positives ! Sous chaque colère, sous chaque souffrance, se cache un sentiment d'amour et une volonté de rapprochement. Les gens qui vous irritent le plus sont généralement ceux qui comptent le plus à vos yeux ! Lorsque quelque chose ou quelqu'un s'interpose avec votre aptitude à aimer une personne, ce sont les quatre premiers niveaux émotionnels qui s'activent. Vos difficultés débutent quand vous exprimez votre colère et votre souffrance en omettant de dire toute la vérité sur l'amour que vous inspire cette personne ! Car il est toujours présent, même si ce n'est pas le ressenti dominant, tout comme vous gardez en vous le désir de recréer du lien. Et le seul moyen de vous en rendre compte et de vous reconnecter à ces émotions positives, c'est de passer en revue toutes les émotions qui sont empilées sur la partie supérieure de l'iceberg. Quand on ne parvient pas à ressentir et à exprimer intégralement nos émotions, on est incapable d'aller puiser dans l'immense réservoir d'amour et de confiance que recèle notre cœur.

Quand on n'exprime pas tout ce qu'on ressent, on reste prisonnier d'un niveau émotionnel.

QUAND ON RESTE FIGÉ...

Vous est-il déjà arrivé de rester en colère alors que vous ne souhaitiez plus l'être ? Vous êtes-vous déjà senti englué dans un sentiment de tristesse, de souffrance, d'abattement, avec l'impression que rien ne saurait vous sortir de votre mélancolie ? Avez-vous déjà été pétrifié de peur, peu importe les efforts que vous fassiez pour vous contrôler ? Ce sont là quelques exemples de ce qui se produit quand on n'accepte pas tout ce qu'on ressent et qu'on ne l'exprime pas. Il y a toute une palette de ressentis qu'il faut être capable d'identifier et de mettre en mots. Sinon, on reste figé dans un niveau émotionnel et il devient impossible de se connecter à toutes les émotions positives que l'on porte en soi.

Les hommes ont du mal à exprimer leur vulnérabilité parce que durant leur enfance, on ne les a pas aidés à exprimer leur tristesse, ni à se connecter à leur souffrance.

Vous resterez prisonnier d'un niveau émotionnel si vous n'êtes pas capable de ressentir et d'exprimer ce qui vous rend vulnérable.

Nous avons tous grandi avec des injonctions (directes ou indirectes) à taire certaines de nos émotions ! On demande aux petits garçons d'être forts et de ne pas pleurer. Le message, c'est qu'il ne leur est pas permis de montrer leur vulnérabilité. Ils ont par contre la permission d'être agressifs, parce que c'est supposé être un signe de virilité. Très souvent, on leur apprend qu'ils ont le droit d'être en colère, mais qu'il est risqué pour eux de reconnaître qu'ils ont peur ou qu'ils ont de la peine, car d'autres garçons se moqueraient d'eux, voire pourraient les rouer de coups.

En conséquence, quand un homme est sous le coup d'une émotion forte, il a tendance à rester coincé dans la strate émotionnelle correspondant à la colère et aux reproches parce qu'il pense qu'il serait en danger s'il exprimait sa vulnérabilité. Souvent, il sort de cet état en se vengeant, à moins qu'il ne finisse par réprimer sa colère et à se murer dans le silence, devenant ainsi inaccessible. J'ai travaillé avec un nombre incalculable d'hommes qui dès lors qu'on les autorise à verbaliser leur souffrance, leurs peurs et leur culpabilité, ressentent un soulagement émotionnel et physique intense, se libèrent de leur amertume et sont à nouveau capables d'aimer ! **Toutes les situations de violence familiale résultent d'une colère latente, qu'on n'a pas explorée, qui n'a pas pu se dire et qui n'a pas pu s'évacuer.**

En exprimant la douleur et la culpabilité qui se terrent sous votre colère, vous allez permettre à l'amour de s'écouler à nouveau.

Malheureusement, quand un homme se sent menacé, la dernière chose qu'il ait envie de faire, c'est d'admettre qu'il est vulnérable, qu'il est blessé ou qu'il a peur. La plupart du temps, il prétendra qu'il s'en moque, ce qui aura pour conséquence de l'enfermer dans un état de colère et de frustration. Rester fâché est une manière très commune de résister à la souffrance ou à la tristesse. Les gens les plus coléreux que je connaisse sont ceux qui portent en eux le plus de souffrance. S'ils s'autorisaient à les exprimer, leurs pleurs auraient la même force que leurs cris. Si vous êtes énervé plus que vous n'aimeriez l'être, vous avez besoin de laisser vos larmes couler.

Pour les femmes, c'est l'inverse. On enseigne généralement aux petites filles à réprimer leur colère et leur hostilité. Ce n'est pas gentil de s'emporter ou de crier – leur papa n'aimerait pas ; tout comme les autres hommes n'aimeront pas ça d'ailleurs… Par contre, on les autorise à afficher leur vulnérabilité ! Elles peuvent pleurer à loisir et sont même conditionnées pour être peureuses. À l'âge adulte, quand un événement fâcheux survient, une femme aura tendance à pleurer et à avoir peur, pas forcément à verbaliser sa colère. Pleurer et critiquer les autres sont ses manières à elle d'occulter sa rage. Et comme cette dernière n'est pas autorisée à s'exprimer, cette femme restera habitée par la tristesse. Il se peut même qu'elle devienne hystérique. J'ai travaillé avec une multitude de femmes qui se sentaient prisonnières de leur souffrance et de leur tendance à se plaindre. Je leur ai appris à exprimer leur colère. À partir du moment où elles osaient la verbaliser, elles commençaient à se sentir mieux, à se sentir vivantes, plus aimantes et moins critiques à l'égard des autres.

Les femmes ont tendance à être prisonnières de leur vulnérabilité parce qu'on ne les a pas encouragées à exprimer leur colère.

COMMENT DEVENIR DÉPRESSIF EN TROIS LEÇONS

Si vous ne parvenez pas à exprimer toute votre colère (d'une manière constructive, évidemment), vous allez connaître la peur, le désespoir et peut-être même la dépression. La dépression n'est pas une simple tristesse aggravée ; il s'agit d'une colère réprimée que l'on a retournée contre soi. Les personnes dépressives se sentent habituellement fatiguées, comme privées de vie, parce que toute leur énergie vitale est employée à lutter contre l'expression de leur rage. Si vous êtes dans ce cas, vous devez travailler sur vos anciennes relations et en guérir en commençant par formuler votre colère envers autrui et vis-à-vis de vous-même. Ensuite, cheminez à travers les différents niveaux émotionnels jusqu'à ce que vous parveniez à l'amour puis au pardon.

Comment devenir dépressif en trois leçons.

CHAPITRE 5

QUE SE PASSE-T-IL QUAND VOUS CACHEZ LA VÉRITÉ ?

Si vous omettez de dire l'exacte vérité de ce que vous ressentez, cela aura sur votre relation le même effet que lorsque vous oubliez d'arroser une plante : ce qui était jadis vivant et en croissance finira par mourir. Quand on se retient de dire tout ce qu'on ressent à la personne qu'on aime, on finit progressivement par retenir l'amour qu'on lui porte. C'est inévitable. C'est ainsi qu'au bout d'un certain temps, on regarde en arrière et on se dit : « Qu'est-ce qui est arrivé à ce sentiment délicieux qui nous unissait ? Où est passée la magie ? ». La réponse, c'est que l'amour et la magie sont enterrés sous une pile d'émotions refoulées ! Il est impossible de réprimer ses émotions négatives (colère, peur, souffrance, culpabilité) et d'espérer que les émotions positives restent vibrantes ! Quand on s'insensibilise aux émotions qui nous déplaisent, on finit par être émotionnellement anesthésié et on diminue ainsi notre capacité à ressentir ce qui est positif.

À long terme, les effets sont désastreux ! À force de cacher la vérité de vos sentiments (aux autres et à vous-même) et de refouler vos émotions, vous devenez incapable de ressentir la joie, l'enthousiasme ou encore la passion ! La passion est définie comme une émotion intense. Or, chaque fois que vous réprimez une émotion qui vous ennuie, vous détruisez votre aptitude à percevoir vos émotions. Alors, petit à petit, la passion s'efface de toutes vos relations.

Quand vous réprimez vos émotions négatives, vous réprimez aussi votre capacité à aimer.

Le refoulement émotionnel vous rend apathique.

LES SIGNAUX D'ALERTE : LES QUATRE R

J'ai découvert que dans chaque relation de couple il existe des signaux d'alerte qui indiquent que la connexion émotionnelle s'affaiblit. Ils sont au nombre de quatre et peuvent rapidement entraîner la perte d'amour au sein du couple. Je les ai appelés les quatre R.

Si vous voulez préserver votre amour et votre capacité à percevoir vos émotions, si vous souhaitez que la passion perdure, soyez à l'affût des quatre R ! Ils découlent directement de vos mensonges émotionnels

Les quatre R sont des signes vitaux qu'il faut surveiller si vous voulez garder votre amour en vie !

(volontaires ou par omission). Si vous voyez l'un des quatre R surgir, il est temps pour vous de dire toute la vérité sur ce que vous ressentez !

Ce sont :

1. La résistance
2. La rancœur
3. Le rejet
4. Le refoulement

La mort d'une relation de couple se produit en quatre étapes.

1. LA RÉSISTANCE

Il est absolument normal qu'il y ait un certain niveau de **résistance** entre deux personnes, quel que soit le type de relation qu'elles entretiennent. En situation de résistance, on prend conscience qu'on s'oppose à ce que l'autre dit, fait ou ressent. On commence à le critiquer intérieurement et on se met en retrait. Par exemple : je suis à une soirée avec ma femme et elle se met à raconter une histoire : celle qu'elle sort toujours quand nous sommes en soirée et que j'ai déjà entendue des dizaines de fois. Cette fois-ci, c'est différent, je réalise que je ressens une **résistance** intérieure. Comme une petite voix agacée qui me souffle à l'oreille : « Oh non, elle ne va pas encore remettre ça ! ». Ou alors, c'est votre mari qui vous

La résistance se manifeste quand vous commencez à remarquer chez l'autre des détails qui vous agacent.

rappelle de payer une facture et vous réalisez que pendant un court instant, vous cessez de lui prêter attention.

La plupart des gens gèrent leur **résistance** en l'ignorant. Peut-être d'ailleurs vous est-il arrivé de vous dire en pareille occasion : « Oh, c'est pas grave ! » ou « Après tout, personne n'est parfait » ou encore « Ne fais pas de vagues, oublie ! ».

Mais si vous ne dites pas à votre partenaire toute la vérité de ce que vous avez ressenti, pour gérer la situation ensemble, ces petites résistances s'accumuleront et se transformeront en rancœur, le second R.

Colère, frustration, haine, vengeance, agacement, brusquerie et reproches sont les symptômes d'une rancœur non-exprimée.

La **rancœur** est un niveau de résistance plus marqué. Elle se traduit par de l'aversion et des reproches. À ce stade, la personne qui en est la cible commence vraiment à vous exaspérer. Parfois, vous vous surprenez à vous mettre en colère envers elle pour de petits riens qui vous mettent cependant hors de vous. Si j'écoute ma femme raconter sa petite histoire suffisamment longtemps sans lui dire que ça m'agace, ma résistance va faire place à de la rancœur. Ce jour-là, je me dirai peut-être : « Je déteste quand elle raconte cette histoire, elle se rend ridicule ! ».

Inévitablement, la rancœur qui n'est pas exprimée mène au rejet. Vous n'avez plus envie d'être en compagnie de votre partenaire.

La **rancœur** est généralement accompagnée d'une tension nerveuse et d'un sentiment de colère. Sur le plan émotionnel, vous vous séparez de votre partenaire. La colère, la frustration, l'agacement, l'aigreur et la haine sont des symptômes du deuxième stade, la **rancœur**.

Si vous ne confiez pas votre ressenti à votre partenaire pour dénouer ce ressentiment, il prendra de l'ampleur et se muera en rejet, le troisième R.

3. LE REJET

Quand survient le **rejet**, la résistance et la rancœur ont pris une telle ampleur qu'il devient impossible de rester connecté à son conjoint. Alors, on prend de la distance ; on s'en détache. Sur le plan émotionnel et sexuel, c'est le désintérêt qui prime, voire le dégoût. On n'a même plus envie d'en parler. Cela se manifeste au quotidien de multiples manières : on peut soit quitter la pièce, soit sortir de la maison en claquant la porte, soit se fermer à l'autre et totalement l'ignorer. Quand il y a **rejet**, on n'a plus envie d'être près de son partenaire, on ressent le besoin de systématiquement s'opposer à ses points de vue, on se met à fantasmer sur d'autres personnes ou on entretient une relation extra-conjugale. Le **rejet** est la conséquence naturelle d'une accumulation de rancœur. Il est devenu impossible d'être proche de son partenaire, d'entrer en connexion avec lui, sans se confronter à la tension et au ressentiment qu'on a accumulés. Alors, pour éviter de se frotter à ces ressentis désagréables, on repousse l'autre.

Si vous êtes parvenu à ce troisième stade, votre vie sexuelle va considérablement se dégrader (il se peut même qu'elle en ait souffert avant). Même si une part de vous prétend aimer l'autre, il ne vous attire plus ; vous ne vous sentez plus amoureux. L'idée d'avoir une relation sexuelle avec lui vous rebute. Il n'est pas impossible que la sexualité vous dégoûte d'une manière générale. C'est probablement à cette étape que

Après le stade du rejet, on réprime automatiquement ses frustrations pour que tout se passe bien. On se désintéresse de la relation ; on devient apathique.

vous envisagerez la rupture, et si elle se produit durant cette phase de **rejet**, elle sera douloureuse et amère.

Si vous ne confiez pas à votre partenaire vos sentiments de rejet en vue de les traiter à deux et d'y remédier ensemble, vous allez passer au quatrième niveau, celui du refoulement.

4. LE REFOULEMENT

Le **refoulement** est le plus redoutable des quatre R. Il se produit quand vous êtes las de résister, d'entretenir de la rancœur et de rejeter l'autre. Afin de ne pas en souffrir, vous allez enterrer ces émotions négatives pour « avoir la paix », pour « sauver la famille » ou simplement pour sauvegarder les apparences vis-à-vis de votre entourage. À ce stade, vous pensez : « Ça ne vaut pas la peine ; oublions cette affaire. Je suis fatigué de devoir gérer tout ça ».

Le **refoulement** prodigue une anesthésie émotionnelle qui vise à retrouver un certain confort affectif. Hélas, ce processus s'étend à toutes les sphères de votre vie. Vous perdez votre enthousiasme, votre énergie vitale. Votre quotidien sera prévisible et ennuyeux. Il ne sera plus douloureux, mais plus joyeux non plus ! Physiquement, vous vous sentirez épuisé la plupart du temps. Vu de l'extérieur, votre couple semblera heureux. On ne vous verra que très rarement vous disputer, vous serez agréables et courtois l'un envers l'autre. Les gens penseront généralement que vous menez une vie de couple épanouie, jusqu'à ce qu'ils apprennent – avec surprise – que vous êtes sur le point de divorcer.

La situation la plus critique, c'est quand le **refoulement** est si efficace que le couple n'a absolument plus conscience de ses problèmes. Ils ont délaissé leurs aspirations romantiques et acceptent la situation telle qu'elle est. Ils ont appris à se contenter de ce qu'ils ont en tirant un trait sur certaines espérances. Ils se sont autopersuadés que ça leur convenait, qu'ils étaient heureux ainsi. Ce couple est en difficulté parce que tant qu'il n'imagine pas que la relation puisse s'améliorer, elle restera telle qu'elle est.

Les quatre R ne servent pas simplement à expliquer qu'avec le temps l'amour disparaisse au sein d'un couple. Ils permettent aussi de décrire les mécanismes du refoulement des émotions. À chaque fois qu'on refoule un ressenti, on passe par ces quatre étapes. Et quand on réprime souvent ses émotions, c'est la relation qui passe par ces quatre phases. De la même manière, chaque fois qu'on se dispute, on fait

Quand on se dispute, il est courant d'expérimenter les quatre R.

l'expérience des quatre R. Cela peut prendre des jours, des heures, des minutes ou même quelques secondes. Certaines personnes sont devenues expertes en la matière et sont capables de passer directement de la **résistance** au **refoulement**, sans même réaliser ce qu'elles font. Gardez à l'esprit que ces étapes ne concernent pas que votre vie de couple, mais toutes vos relations, qu'elles soient familiales, amicales, professionnelles ou autres. Elles valent d'ailleurs aussi pour les relations que vous entretenez avec vous-même !

Certaines personnes sont si expertes en refoulement qu'elles répriment leurs émotions dès qu'elles surgissent. Et cependant, elles en sont parfaitement inconscientes.

À chaque fois que vous exprimez tous vos sentiments de manière authentique en allant jusqu'à atteindre l'amour qui est en vous, vous augmentez votre capacité d'aimer. À chaque fois que vous taisez une partie de la vérité, vous réprimez automatiquement vos émotions et faites diminuer votre capacité d'aimer. En ayant compris cela, vous devez mieux saisir ce qui n'a pas fonctionné dans vos relations passées ! Il vous reste à apprendre la manière dont vous pouvez exprimer vos émotions de manière authentique et à la mettre en pratique ; ainsi, vous regonflerez rapidement votre potentiel amoureux ! Vous serez mieux

La vérité peut permettre à l'amour de jaillir abondamment de votre cœur.

connecté à votre sphère émotionnelle et davantage disposé à aimer ! Et si vous êtes sous l'effet d'un des quatre R, il vous sera possible de revenir en arrière pour être à nouveau animé par l'amour !

Parfois, quand on se met à dire la vérité de ce qu'on ressent, on a l'impression de ne pas progresser. C'est tout à fait normal ! Lorsqu'on traite ses émotions refoulées, il faut passer à reculons sur les quatre étapes que sont le **refoulement**, le **rejet**, la **rancœur** et la **résistance**.

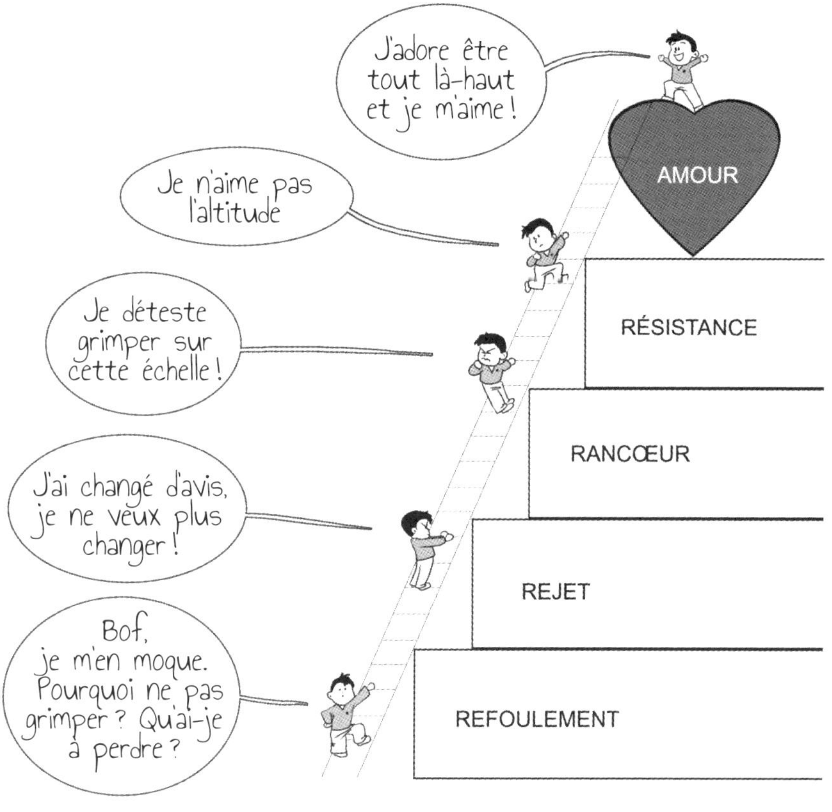

En exprimant toute la vérité, vous allez revisiter les quatre R à reculons. Au terme de ce processus, vous vous sentirez pleinement en vie et aimant !

C'est seulement une fois que le processus est achevé qu'on se sent à nouveau libre d'aimer. Ceci est très bien mis en lumière dans le traitement des troubles autistiques : quand on exprime de l'amour à un enfant autiste en le prenant dans ses bras, il va successivement passer par ces quatre stades : d'abord, il ne répondra pas, ensuite il rejettera votre amour et tentera de fuir. Si vous persistez, l'enfant va beaucoup vous en vouloir et se débattre. Finalement, il résistera encore un petit peu puis accueillera votre étreinte avec enthousiasme. Quand vous exprimerez à nouveau votre amour à l'égard de votre conjoint, il se peut qu'au départ il s'en moque et qu'ensuite, il repousse vos manifestations chaleureuses. Vous attribuerez certainement cela à du mépris et du ressentiment. Mais si vous continuez à vous montrer aimant, votre partenaire finira par vous démontrer son amour et sa reconnaissance.

LES RAISONS POUR LESQUELLES ON RÉPRIME SES ÉMOTIONS

Chaque émotion qui menace votre capacité à aimer ou être aimé est un excellent candidat au refoulement ! Si vous estimez que ce que vous ressentez est incompatible avec l'image que vous avez de vous-même, vous le refoulerez. Vous ferez probablement de même avec les émotions que vos parents n'ont jamais exprimées. Ainsi, un enfant qui a grandi dans un milieu familial où on ne se démontrait aucune affection aura tendance à réprimer ses élans de tendresse et d'affection. Il en ira de même pour celui dont les parents ne se sont jamais mis en colère : il aura tendance à refouler cette émotion ! Les émotions dont on s'autorise à avoir conscience sont celles qui nous paraissent saines, qu'on peut exprimer sans crainte. Votre sens des valeurs joue un rôle déterminant dans le processus de refoulement. En fonction de votre expérience et de votre éducation, vous allez considérer que certaines émotions sont bonnes et d'autres mauvaises, justes ou injustes. Par exemple, vous pourriez considérer qu'il est « bon » d'être reconnaissant et qu'il est « mal » d'être jaloux ou énervé.

Toute émotion qui constitue une menace pour votre capacité à aimer ou être aimé est la cible idéale du refoulement.

LES ÉMOTIONS NE MEURENT JAMAIS

La plupart des gens essaient de contrôler leurs émotions. Habituellement, pour parvenir à leurs fins, ils passent par les quatre R : ils résistent, éprouvent de la rancœur, rejettent et refoulent. C'est une erreur : les émotions refoulées ne meurent jamais ; elles refusent même qu'on leur impose le silence ! Il se peut que vous ayez un sentiment de victoire parce que vous êtes parvenu à oublier une émotion désagréable, mais en réalité, la bataille ne fait que commencer… Sachez que le refoulement nécessite une dépense d'énergie psychique et physique faramineuse ! Votre existence se transforme en bataille pour garder le contrôle !

En enterrant vos émotions, vous devenez progressivement insensible à l'amour. La vie vous semble terne.

Les émotions refoulées ne meurent pas ;
elles reviennent nous hanter.

De plus, refouler vos sentiments impactera votre personnalité, que vous le vouliez ou non. Votre comportement sera insidieusement perturbé de trois manières différentes :

1. vous deviendrez apathique et percevrez moins bien les émotions positives ;
2. vous réagirez parfois de manière excessive face à certaines circonstances ;
3. contenir ces émotions induit une tension physique à l'origine de problèmes de santé.

1. L'APATHIE

Les émotions qu'on étouffe s'accumulent et sont responsables de réactions explosives et irrationnelles. Elles peuvent aussi nous rendre totalement apathiques.

À petit feu, le refoulement des émotions diminuera vos facultés de perception émotionnelle. Votre cœur se refroidira et son réservoir d'amour s'asséchera. Votre âme d'enfant s'éteindra ; vous perdrez votre enthousiasme, votre désir de vivre et celui d'apprendre. Votre créativité diminuera également. La vie s'écoulera sous vos yeux hagards : vous n'en serez plus qu'un témoin désenchanté. La seule solution pour éviter ce désastre, c'est de vous reconnecter à l'ensemble de vos émotions : en travaillant sur elles, vous pourrez à nouveau vibrer !

2. RÉAGISSEZ-VOUS DE MANIÈRE EXCESSIVE ?

Les émotions refoulées sont susceptibles de considérablement perturber votre état d'esprit ; elles sont parfois responsables de réactions disproportionnées. Vous pourrez vous comporter de manière inappropriée dans certaines circonstances ou face à certaines personnes. Il pourra vous arriver d'être irrationnel, irritable, d'avoir des accès de colère ou de déprimer pour un rien. Toutes ces émotions non traitées sont de nature à perturber votre état émotionnel présent. En admettant que j'aie refoulé beaucoup de culpabilité, je vais développer une peur panique d'être réprimandé par quelque figure d'autorité que ce soit (police, patron, fisc) même si je n'ai rien fait d'illégal ! Si c'est de la peur que j'ai réprimée, je pourrais inconsciemment éviter de rencontrer des gens, ou alors me dire consciemment que je ne les aime pas.

Tous les adultes subissent l'influence des émotions qu'ils ont refoulées quand ils étaient enfants. Si vous avez accumulé du ressentiment envers une mère autoritaire, vous interpréterez peut-être tout conseil provenant d'une femme comme une tentative de prise de contrôle sur vous. Et tant que vous ne prendrez pas conscience de ce qui se joue, vous continuerez à refouler vos émotions et à perpétuer le cycle. La plupart des gens ignorent ce phénomène. Peut-être croyez-vous ne pas être concerné d'ailleurs. Mais pensez à toutes ces fois où vous vous êtes senti nerveux ou effrayé sans raison apparente, à ces moments où vous

vous êtes senti énervé sans motif réel, ou au malaise qui aura pu vous envahir dans certaines situations pourtant très bien vécues par d'autres. Par exemple, il est aisé pour certaines personnes de s'adresser à un parfait inconnu. Pour d'autres, c'est chose quasi impossible.

Les émotions refoulées induisent des comportements inappropriés dans certaines circonstances ou face à certaines personnes.

Les émotions refoulées peuvent vous rendre irritable, irrationnel ou prédisposé à des accès de colère.

Quand les émotions refoulées surgissent dans une nouvelle histoire d'amour, on a parfois le sentiment que l'autre a changé du jour au lendemain.

Hélas, pour réprimer davantage les émotions qu'ils trouvent désagréables, des millions d'individus maltraitent leur corps en faisant usage de drogues, en surconsommant de l'alcool, des cigarettes, en devenant boulimiques ou en travaillant trop ! Ces comportements n'ont qu'un effet temporaire pour ce qui est de réprimer les ressentis négatifs.

Les peurs refoulées peuvent nous pousser à éviter les personnes qui pourraient nous aimer.

Par contre, même s'ils sont courants et relativement bien tolérés socialement, en plus de nuire à votre santé physique, ils vous empêchent de fonctionner comme un individu sain sur le plan émotionnel.

De plus de plus de médecins s'accordent pour dire que nos émotions jouent un rôle dans notre santé physique ! Par exemple, le fait de pleurer permet d'évacuer des tensions psychiques mais aussi des substances chimiques nocives pour le corps ; c'est indispensable pour éviter de tomber malade ! Ainsi, on devrait encourager les enfants et les adultes à laisser couler leurs larmes quand ils en ressentent le besoin.

3. MALTRAITEZ-VOUS VOTRE CORPS ?

Votre corps et votre esprit sont intimement liés. Chacun sert l'autre. Si vous choisissez de réprimer certains ressentis émotionnels, votre corps « aidera » votre esprit à évacuer la tension psychique créée en l'extériorisant sous la forme de troubles physiques.

Nos symptômes physiques sont souvent corrélés à un mal-être émotionnel :

Tension musculaire : « J'en ai plein le dos ! »
Mal de tête : « Je ne veux plus penser à ça ! »
État grippal : « J'ai décidé d'être en froid avec elle ! »
Problème articulaire : « Je suis tétanisé » « Ma situation est comme paralysée »
Hypertension artérielle : « Je suis sous pression ! » « Je vais péter une durite ! »
Problème respiratoire : « J'ai l'impression d'étouffer »
Constipation : « Je ne peux pas laisser ça passer ! »
Problème cardiaque : « Elle m'a brisé le cœur »
Fièvre : « Je bous intérieurement ! »

Les émotions refoulées peuvent trouver leur expression dans des symptômes physiques.

La recherche médicale a récemment démontré que certains types d'individus étaient davantage prédisposés que d'autres au cancer et aux maladies cardio-vasculaires. Dans une étude, la majorité des patients atteints de cancer ont admis que depuis plusieurs années, ils n'avaient pas exprimé d'émotions fortes : aucune crise de colère, aucun pleur. C'étaient des gens fiers de contrôler leurs ressentis. Les médecins

Une manière courante d'éviter certaines émotions, c'est de trop manger.

comprennent de mieux en mieux l'importance de libérer ses émotions et de les exprimer pour rester en bonne santé. Cependant, même si de multiples désordres physiques ont pour origine des émotions refoulées, une fois que ces dernières s'expriment de manière somatique, il est indispensable de soigner sur deux plans : le corps et l'esprit.

Dans une certaine mesure, il faut encourager les effusions lacrymales.

L'amour enclenche le processus de libération des émotions réprimées.

CHAPITRE 6

VOS ÉMOTIONS SONT VOS ALLIÉES

La capacité à ressentir des émotions est un don précieux. Nous la possédons tous. Toutefois, il est possible de ne pas apprécier ce que l'on ressent… Dites-vous que chaque émotion a une raison d'être et qu'elle restera inscrite en vous jusqu'à ce vous l'ayez comprise et que vous lui ayez permis d'atteindre son but. Vos ressentis sont des messagers de l'inconscient. Jusqu'à ce que votre conscience leur ouvre la porte, ils resteront devant, patiemment. Demandez-vous quels sont les messages que votre inconscient veut vous transmettre. La **colère**, par exemple, peut survenir pour vous faire comprendre que ce que vous vivez n'est pas souhaitable. La **souffrance** et la **tristesse** peuvent vous signifier que vous avez perdu quelqu'un ou que quelque chose vous manque. La **peur** survient pour nous avertir d'une possibilité d'échec, de perte ou de douleur. La **culpabilité** se manifeste pour vous rappeler que **vous êtes responsable d'avoir causé un événement déplaisant**.

Pour comprendre la place que vos émotions occupent dans votre vie et le message qu'elles vous délivrent, vous avez besoin de les exprimer. Il est tout à fait impossible de comprendre ce qui est gardé sous silence. N'avez-vous jamais réalisé qu'il suffisait parfois de parler d'un problème obsédant avec un ami pour entrevoir la solution ?

En exprimant toute la vérité de ce que vous ressentez, vous percevrez finalement les intentions pleines d'amour qui étaient recouvertes par toutes vos émotions négatives.

Vos émotions sont comme des messagers. Jusqu'à ce que vous acceptiez de les recevoir, elles resteront devant votre porte.

GUÉRIR DE SES BLESSURES ÉMOTIONNELLES REFOULÉES

La relation de couple est un contexte idéal pour guérir les blessures émotionnelles refoulées. Quand vous rencontrez quelqu'un qui vous aime et avec qui vous vous sentez en sécurité, tous vos ressentis émotionnels refoulés remontent à la surface dans le but d'être traités. Une relation aimante et honnête ne vous permet pas seulement de gérer vos tracas quotidiens, elle vous offre aussi l'opportunité de soigner vos anciennes blessures. Ainsi vous pouvez devenir encore plus aimant et aimable !

Il est très facile de se couper de ses émotions quand on vit dans sa tête et qu'on évite de rencontrer des gens.

au long cours. Dès que vous allez atteindre un plus haut degré d'amour et de proximité avec votre conjoint, des émotions plus profondément enfouies referont surface pour vous permettre de soigner de plus anciennes blessures. Plus vous serez proche de votre partenaire, plus intensément ses émotions refoulées pourront se libérer. Sans votre connaissance des quatre R et des cinq différents niveaux d'émotion, vous auriez l'impression de devenir fou ! Eh oui, plus vous aimerez votre

C'est très difficile de réprimer ses émotions toute la journée et d'être aimable quand on rentre chez soi.

partenaire, plus des tensions naîtront entre vous ! Mais si vous vous engagez sincèrement à poursuivre sur cette voie, vous réaliserez très vite qu'il est bien plus facile de dire la vérité et de résoudre ses difficultés que de se taire et de perdre l'amour qui vous unit.

Lorsqu'on vit tout seul dans son coin, il est aisé de continuer à réprimer ses émotions. C'est la raison pour laquelle certaines personnes évitent de vivre en couple : elles devraient dépenser bien trop d'énergie pour refouler leurs ressentis auprès d'un tiers. Elles sont capables de supporter une relation un certain temps, puis finissent par rompre – que ce soit juste sur le plan émotionnel ou physiquement – en étouffant purement et simplement leurs émotions. Si vous quittez votre partenaire en vous sentant soulagé, c'est probablement parce que vous étiez en train de résister à des émotions refoulées qui demandaient à être gérées.

C'est pourquoi de nombreuses personnes réclament un peu d'espace quand elles sont en couple. Elles trimballent toutes les émotions qu'elles répriment avec succès sur leur lieu de travail et quand elles rentrent chez elles et retrouvent leur conjoint, à peine commencent-elles à parler que ces ressentis étouffés toute la journée se manifestent ! Or, il est plus simple de se refermer sur soi que de gérer ses émotions. La dernière chose que j'aie envie de faire en rentrant chez moi, c'est de repenser à la rude journée que je viens de passer. Mais si je ne verbalise pas mon ressenti, si je ne permets pas à ma souffrance, ma colère et ma peur de s'exprimer, je finirai par réprimer ces émotions en même temps que l'amour que j'éprouve pour ma femme !

Il ne s'agit pas de remettre en cause le besoin d'être seul ! Nous avons tous besoin d'avoir du temps pour nous, de quitter l'espace du couple pour nous retrouver nous-même. Le besoin d'autonomie est aussi important que le besoin de partage. Néanmoins, il ne doit pas servir de prétexte pour nier nos émotions.

SE LIBÉRER D'UN PASSÉ DOULOUREUX GRÂCE À UNE THÉRAPIE

Beaucoup de gens se tournent vers la psychothérapie pour traiter leurs émotions refoulées. Malheureusement, de nombreuses thérapies se focalisent sur les traumatismes passés et oublient d'apprendre au patient à résoudre les difficultés qu'il rencontre au moment où il consulte. Or, il est impossible de guérir de blessures anciennes sans s'occuper également de ce qui nous préoccupe dans le présent. Si vous optez pour cette approche, choisissez un thérapeute qui soit capable de vous guider à traverser tous les niveaux émotionnels menant à l'amour. S'il est capable de ne pas réprimer ses propres émotions et de vous parler librement de ce qu'il ressent, cela vous sera d'une aide précieuse.

Exprimer des ressentis passés ne sert à rien si on ne traite pas aussi les problèmes émotionnels présents.

ÊTRE CONSCIENT D'UNE ÉMOTION PERMET D'EN GUÉRIR

Pleinement ressentir ses émotions et les exprimer de manière authentique est un moyen de les libérer. C'est en procédant ainsi que vous pourrez venir à bout des tensions non-résolues et que vous serez libre d'aimer plus profondément. Cependant, cela ne signifie pas que vous deviez déverser toute votre négativité sur ceux qui vous aiment. Balancer vos ressentis à tort et à travers pourrait ruiner vos relations affectives et créer plus de difficultés que vous n'en avez déjà.

Dire toute la vérité ne se résume pas à déverser toutes ses émotions négatives.

PARTAGER SES ÉMOTIONS EST UNE CHOSE DIFFICILE

Quand vous commencerez à communiquer la vérité de ce que vous ressentez, ce sera peut-être difficile, voire douloureux pour vous. C'est souvent bien plus simple de fermer les yeux et d'essayer de ne plus y penser. Mais sur le long terme, c'est là que réside votre seul espoir. Dire toute la vérité, c'est admettre qu'on puisse avoir des doutes quand on préférerait énoncer des certitudes. C'est parler de ce qu'on ressent quand on a envie de bouder. C'est demander de l'aide quand on préférerait dire que tout va bien. C'est aussi reconnaître qu'on a commis une erreur quand on préférerait dire que c'est la faute d'un tiers. Et c'est partager sa peine et ses blessures quand on préférerait les oublier.

Il est souvent plus commode de dire un petit mensonge sans conséquence ; mais sur le long terme, dire la vérité est votre unique espoir.

DIRE LA VÉRITÉ, MAIS AVEC TACT

Il y a l'art et la manière de dire la vérité. Cela exige de la pratique ! J'ai appelé ma méthode TACT :

Telling the : dire
Absolute : absolument
Complete : toute
Truth : la vérité

À chaque fois que vous emploierez cette méthode, votre capacité d'aimer et d'être aimé augmentera. Vos émotions douloureuses s'apaiseront au lieu de s'intensifier. Confier votre ressenti avec tact vous rendra plus aimant, plus calme et en meilleure forme ! Dans les chapitres à venir, vous apprendrez à exprimer toute la vérité de ce que vous ressentez en ménageant ceux qui vous écoutent.

CHAPITRE 7

QU'EST-CE QUI COMPLIQUE AUTANT LES RELATIONS DE COUPLE ?

Dans ce chapitre, je vous révèle la plus importante de mes découvertes en matière de relations de couple ! Elle a déjà changé la vie de milliers de gens. Nous avons vu de quelle manière les émotions refoulées pouvaient affecter nos comportements. Mais il y a un phénomène important qui n'a pas été traité. C'est quelque chose que j'ai observé chez toutes les familles et tous les couples. Cela se produit de façon plus ou moins marquée selon le degré d'intimité que vous partagez avec une personne.

J'appelle cette règle comportementale **l'effet miroir**.

Elle explique par exemple qu'un homme extrêmement calme et détaché puisse avoir une épouse colérique et qui panique facilement. Ou encore que des individus très doux et d'humeur égale puissent attirer un partenaire dont le tempérament est plutôt violent. Cet effet miroir explique aussi pourquoi une femme qui semblait stable et forte se sent subitement inquiète et a le besoin d'être rassurée quand elle entame une relation de couple. Pour faire bref, cet effet miroir nous offre une meilleure compréhension des mécanismes à l'œuvre dans les interactions humaines et permet de cerner les raisons de certaines difficultés de couple.

L'effet miroir explique que plus un homme est calme et détaché, plus sa femme est énervée.

CE QUI VOUS LIE SUR LE PLAN ÉMOTIONNEL

Pour commencer, imaginez deux réservoirs remplis de liquide, comme deux citernes posées à la verticale. On les relie avec un tuyau pour transférer le liquide de l'un vers l'autre. Dans cette comparaison, les deux citernes représentent les membres du couple : Fred et Wilma, par exemple. Le liquide représente leurs émotions et les tuyaux, la sensibilité qu'ils éprouvent l'un envers l'autre. On ne développe cette connexion que dans certaines circonstances : avec les membres de sa parenté, quand on vit ensemble, quand on est collègues de travail et – encore davantage – quand on a des relations sexuelles avec une personne. Elle vous permet de partager ce que l'autre ressent. Elle vous permet de savoir que votre conjoint vous en veut même s'il affirme le contraire. Elle explique aussi qu'un enfant sache que sa maman est folle de rage même si elle lui dit que tout va bien. Plus on est connecté à une personne, plus nous sommes capables de partager et de ressentir ses émotions.

Quand deux personnes tombent amoureuses l'une de l'autre, leur connexion émotionnelle leur permet de partager leur ressenti.

VOTRE PARTENAIRE EXPRIME CE QUE VOUS RÉPRIMEZ

Maintenant, prêtez attention à l'énergie qui circule entre ces deux containers. Quelque chose s'est produit et Wilma est en colère. Visualisez cette émotion tel un liquide dont le niveau augmente dans sa citerne. Quand elle était petite, ses parents lui ont appris à être une gentille fille qui ne se met pas en colère, parce que les hommes n'aiment pas ça. Wilma a le droit de se sentir blessée et d'être triste, mais elle n'a pas été autorisée à exprimer sa colère. Sans même en avoir conscience, elle va réprimer cette émotion. Une petite voix lui dit : « Calme-toi, Wilma, il n'y a pas de quoi s'emporter ». Quand elle fait baisser sa colère – encore et encore –, une chose curieuse se produit : cette dernière se déverse dans l'autre citerne. Soudainement, Fred commence à se sentir tendu et irritable. Et plus il est énervé, plus Wilma tente de l'apaiser. Elle essaie en réalité de réprimer chez son conjoint les sentiments qu'elle a réprimés chez elle. Et elle le fait jusqu'à ce qu'il explose ! Alors, Wilma pensera : « Je ne comprends pas qu'il puisse ainsi perdre le contrôle de lui-même ! Je suppose que c'est parce que les hommes sont d'un tempérament impétueux ».

Quand Wilma réprime sa colère, Fred perçoit cette émotion et il s'énerve. Ce que vous réprimez, votre partenaire l'exprime.

Le principe de l'effet miroir est celui-ci :

Ce que vous réprimez, votre partenaire l'exprime.

Et bien sûr l'inverse est tout aussi vrai :

Ce que votre partenaire réprime, vous allez l'exprimer.

Lorsque nous réprimons une émotion, elle naît chez notre conjoint. C'est ce qu'on appelle l'effet miroir.

Ce principe régit indéniablement les relations de couple. Il explique comment nos émotions affectent notre conjoint et comment les siennes nous touchent. Dans le cas que nous avons vu, Wilma était affairée à réprimer ses émotions et Fred se mettait à les exprimer.

Quand il essaie de rester détendu en réprimant ses craintes, Fred alimente sans le savoir la peur de sa femme.

Voici comment cela se passe avec un autre niveau émotionnel, celui de la peur et de l'insécurité. Fred se met à avoir peur. Peut-être qu'il est en train d'écrire un nouveau livre et qu'il craint que tout ne marche pas comme il l'aimerait.

Peut-être est-il en train de développer l'activité de son entreprise et qu'il craint les risques financiers. Mais on a appris à Fred – quand il était enfant – qu'un homme doit se montrer fort et avoir confiance en lui-même. Les hommes n'ont jamais peur : ils vont de l'avant ! Et surtout, ils s'abstiennent de montrer qu'ils ont peur ! Que va donc faire Fred de son émotion ? Eh bien, il va la réprimer. Il la repousse vers le fond de son réservoir émotionnel. Et plus il agit ainsi, plus sa peur passe du côté de Wilma. Brusquement, elle se sent en danger, elle se met à paniquer. Peut-être va-t-elle exprimer ses craintes, ce à quoi Fred résistera encore plus en lui disant : « Ma chérie, il n'y a vraiment rien à craindre. Calme-toi ». Plus il fera preuve de détachement et d'insensibilité, plus Wilma ressentira un sentiment de peur. Elle finira par être folle d'inquiétude et par paniquer. Ce que Fred réprime, Wilma l'exprime. Et cela se transforme en cercle vicieux ! Car plus nerveuse sera Wilma, plus zen sera Fred, puisqu'il s'emploiera encore plus à réprimer sa propre peur. Sans en avoir conscience, Fred alimente l'hystérie de sa femme en voulant garder le contrôle de ce qu'il ressent.

POURQUOI LES FEMMES RÉAGISSENT-ELLES PARFOIS AVEC EXCÈS ?

Combien de fois ai-je été face à des femmes qui ne comprenaient pas pourquoi il leur arrivait de se sentir en danger et d'exploser de colère envers l'homme qu'elles aimaient ! De l'autre côté, on avait un conjoint effaré de constater que sa femme pouvait perdre toute contenance sous ses yeux, alors que dans d'autres circonstances elle savait se montrer raisonnée et forte. C'est dû à l'effet miroir ! De par leur éducation, les hommes refusent de montrer qu'ils éprouvent de la peur et leur femme finit par exprimer cette émotion qu'ils répriment. Dans des cas extrêmes, il est tout à fait possible qu'un homme d'humeur égale et armé d'un self-control à toute épreuve, n'exprimant jamais la moindre émotion qui pourrait laisser croire qu'il est faible ou qu'il doute, pousse sa partenaire à réagir de manière excessive pour ensuite la rabaisser en la traitant de folle et en montrant du doigt son émotivité ! Il y a d'ailleurs des femmes qui ont fini en asile psychiatrique pour avoir subi cela trop longtemps ! Évidemment, l'inverse existe aussi : certaines femmes se contrôlent à tel point que leur conjoint explose !

Un homme qui est toujours d'humeur égale peut facilement rendre sa femme hystérique.

POURQUOI LES FEMMES SONT-ELLES SI SOUVENT EN MANQUE D'AFFECTION ?

Prenons un autre exemple d'effet miroir : le sentiment de manque. Fred et Wilma tombent amoureux et sont de plus en plus proches. Quand Fred réalise qu'elle lui manque, il prend peur ; parce que s'il tient à elle, il aura mal en cas de rupture. Donc, Fred réprime le besoin qu'il a d'être près de Wilma. Il se dira qu'il a besoin d'un peu de distance, qu'il ne souhaite pas s'engager. Mais qu'advient-il de l'émotion qu'il réprime ? Vous l'avez deviné, elle va se déverser dans le réservoir émotionnel de Wilma ! Et comme elle ressentait déjà ce même besoin d'être proche, le sentiment de manque va prendre des proportions considérables ! Wilma va se sentir délaissée. Elle va craindre de perdre l'homme qu'elle aime et souhaitera ardemment qu'il s'engage dans la relation ; elle se sentira faible en sa présence. Plus il réprimera son sentiment de manque, plus elle le vivra intérieurement.

Quand Fred se retrouve confronté au manque d'affection de Wilma, il entre évidemment en résistance contre elle. Or, ce que Wilma renvoie à Fred, ce sont les émotions de ce dernier, celles qu'il réprime et qui ne prennent autant de place chez sa partenaire que parce qu'il veut les étouffer en lui !

C'est vraiment un processus très courant dans les relations amoureuses. D'ailleurs, certains hommes vont d'aventure en aventure, en se demandant pourquoi toutes leurs conquêtes finissent toujours par leur reprocher de ne pas leur donner suffisamment d'affection. Ce qu'ils ne comprennent pas, c'est que chacune d'elles reflétait les émotions qu'eux-mêmes éprouvaient, mais qu'ils ne s'autorisaient pas à prendre en compte et encore moins à ressentir pleinement.

Certaines personnes n'arrêtent pas de changer de partenaire en se demandant pourquoi l'autre finit toujours par manquer d'assurance et se plaindre d'être mal aimé.

COMMENT L'EFFET MIROIR CONTRIBUE-T-IL À CE QUE VOTRE RESSENTI SOIT DISPROPORTIONNÉ ?

Cela signifie-t-il qu'à chaque fois que vous êtes en colère, ce n'est pas de votre faute mais de celle de votre conjoint ? Ou que si au travail vous hurlez sur votre secrétaire, c'est parce que c'est elle qui est énervée ? Pas du tout ! N'allez surtout pas utiliser cette information pour prouver que vous avez raison et qu'une autre personne a tort !

Regardons l'effet miroir de plus près maintenant. Wilma et Fred sont au restaurant. Cela fait une demi-heure qu'ils attendent d'être servis. Chacun d'eux en est contrarié, disons à 10 %. Mais Fred a appris qu'il était mal de s'énerver, surtout pour des choses de faible importance. Alors, il réprime son énervement. L'effet miroir entre en jeu et Wilma ressent maintenant un agacement à 20 %. Fred le perçoit et il tente de la calmer. Mais plus il réprime pour ce faire ses propres émotions, plus fort Wilma les ressent ! Bien sûr, elle n'exprime pas uniquement la contrariété de Fred, puisqu'elle-même était déjà irritée. Par contre, son ressenti est maintenant disproportionné par rapport à la situation.

En voulant être agréable et en réprimant vos contrariétés, vous contribuez à ce que la contrariété de votre conjoint augmente.

MIROIR, MON BEAU MIROIR...

Vous devez à présent comprendre pourquoi votre relation de couple vous donne parfois l'impression de perdre la raison ! Avez-vous déjà constaté que votre conjoint s'énervait de plus en plus alors que vous étiez en train de faire de votre mieux pour le calmer ? Eh bien, il est probable qu'il était en train d'exprimer une émotion que vous réprimiez. Les gens qui sont proches de vous sont comme des miroirs qui vous reflètent tel que vous êtes, sans omettre les aspects de votre personnalité que vous préférez oublier. Donc, si vous réprimez vos craintes, votre partenaire vous harcèlera avec ses peurs et ses soucis, comme s'il tenait en main un miroir et disait : « Hé, regarde ces émotions que tu réprimes ! ».

Il faut encore bien saisir autre chose :

Quand votre conjoint exprime une émotion que vous réprimez, vous allez entrer en résistance.

Si Fred n'a pas envie d'affronter et de gérer sa colère, qu'il la réprime et la déverse dans le réservoir de Wilma, cette dernière va se sentir énervée. Quelle sera la réaction de Fred quand il va s'en apercevoir ? Il va s'acharner à vouloir faire taire la colère de Wilma ; il ne voudra pas l'affronter. Il va donc résister à cette émotion qu'elle exprime et qu'il a réprimée auparavant. Quand vous essayez de faire changer le ressenti émotionnel de votre conjoint, quand vous lui répétez qu'il devrait ressentir les choses autrement, cela indique qu'il est en train de vous montrer une émotion que vous refusez de voir en vous-même.

Si vous entrez en résistance vis-à-vis d'une émotion exprimée par votre conjoint, c'est probablement parce que vous résistez à cette émotion en vous-même.

Si vous réprimez une émotion en vous-même, vous entrerez en résistance quand votre conjoint la manifestera.

L'EFFET MIROIR CHEZ VOS PARENTS

Repensez à votre enfance. Y avait-il d'un côté le gentil – celui qui semblait être la victime – et de l'autre le méchant – celui qui se mettait en colère, criait et imposait son autorité ? Maintenant que vous connaissez l'effet miroir, envisagez la situation sous un nouvel angle : peut-être que votre gentil parent réprimait tellement de colère et de rancœur que l'autre ressentait constamment le besoin de les exprimer pour dissoudre certaines tensions ! En effet, quand un parent essaie d'enfouir en lui des émotions négatives, l'autre parent les exprime inévitablement.

Quand un parent réprime une émotion négative, l'autre parent la manifeste souvent de manière irrépressible.

L'EFFET MIROIR CHEZ LES ENFANTS

L'effet miroir s'exprime de manière spectaculaire dans les familles avec enfants. On peut redéfinir le principe selon ces termes : **ce que les parents tentent de refouler, leurs enfants le manifestent.**

Il n'est pas rare que les parents croient bien faire en cachant ce qu'ils ressentent ; ils espèrent ainsi protéger leurs enfants. Selon moi, rien n'est moins sûr. Vos enfants absorberont vos émotions, que vous choisissiez de les exprimer consciemment ou non. Par contre, si vous réprimez vos ressentis négatifs, ils pourraient être décontenancés par des messages contradictoires (ce qu'ils ressentent versus ce que vous montrez) et imagineront peut-être que si vous êtes malheureux, c'est de leur faute.

Ce que vous réprimez, votre enfant l'exprimera.

Prenons l'exemple d'un homme qui réprime sa colère et son hostilité envers sa femme. Son enfant le manifestera en se montrant énervé, rebelle et colérique. Si un parent réprime sa tristesse et ses souffrances, son enfant pleurera davantage. Si un parent essaie d'enterrer un sentiment de peur et d'insécurité, son enfant pourra pleurnicher et devenir peureux.

C'est pour cette raison qu'il est indispensable de travailler en famille pour résoudre des problèmes familiaux ! Quand une personne vit en communauté, ses problèmes ne sont pas uniquement les siens.

L'EFFET « VASES COMMUNICANTS » EN CAS D'INFIDÉLITÉ

Regardons ce qui se produit quand il y a plus de deux personnes impliquées dans une relation. Fred est marié à Wilma. Il ignore qu'elle entretient une relation extra-conjugale avec Barney. Nous avons maintenant trois réservoirs émotionnels reliés les uns aux autres. Mais Barney est marié à Betty. Il y a donc quatre kits émotionnels impliqués ! Un jour, Betty sent que son mari prend de la distance. Comme elle veut être une épouse agréable, elle décide de réprimer sa tristesse. Barney va la ressentir, mais comme c'est un homme (du genre homme des cavernes, par-dessus le marché !), il réprime cette émotion lui aussi. C'est ainsi que Wilma va commencer à en faire l'expérience. Elle y rajoute sa propre tristesse et enfouit le tout en elle. Évidemment, elle transmet ce lourd sentiment de tristesse à Fred ! Un matin, ce dernier se réveille profondément déprimé et il ignore pourquoi ! Il ignore qu'à l'origine de sa tristesse, il y a Betty, la femme de l'amant de son épouse… Les relations multiples sont parfois extrêmement compliquées : il est déjà suffisamment difficile d'équilibrer les énergies émotionnelles de deux personnes, alors, imaginez avec trois ou quatre ! C'est une des difficultés rencontrées dans les couples libertins ou dans les relations extra-conjugales : l'équilibre émotionnel de tous les intervenants est perturbé.

Il est déjà assez compliqué d'équilibrer les énergies émotionnelles de deux personnes ; avec trois ou quatre, c'est quasiment impossible.

QUAND LE LIEN AFFECTIF EST ROMPU

Que se passe-t-il quand dans un couple, les deux répriment leurs émotions, quand ce sont les deux réservoirs qui sont pressurisés ? Eh bien, toute la pression va s'évacuer dans le conduit qui les relie, parfois jusqu'à le faire exploser ! C'est ce qui se produit dans de nombreuses relations de couple. Aucun ne veut dire la vérité de ce qu'il ressent, chacun réprime ses émotions, se détache de l'autre et au final, c'est le lien émotionnel qui est complément détruit. Ils ont réprimé avec succès tous les sentiments qu'ils avaient l'un pour l'autre. C'est pourquoi vous avez l'impression d'avoir perdu toute attirance et de ne plus être amoureux de votre partenaire : votre connexion est tout bonnement brisée ! Quand c'est le cas, certaines personnes parviennent – par choix – à vivre ensemble en bonne intelligence : une fois que le lien est rompu, les tensions disparaissent. Elles ne seront plus victimes de l'effet miroir. Toutefois, elles auront perdu l'amour, la passion et la vitalité de leur union. Plus dommage encore : elles n'auront plus l'opportunité d'apprendre et de grandir à travers le miroir que leur tendait leur conjoint. Réparer un conduit émotionnel brisé, c'est possible. Mais cela exige beaucoup de travail et une pratique assidue des techniques abordées dans la prochaine section de ce livre.

Quand le lien émotionnel est rompu, une relation perd de sa saveur : fini la joie et la passion !

COMMENT RECONNAÎTRE L'EFFET MIROIR ?

Si vous remarquez que vous vous sentez contrarié, irrité ou résistant quand votre partenaire, l'un de vos parents ou de vos enfants exprime certaines émotions (colère, peur, tristesse, manque), il est possible que cette personne soit en train d'exprimer ce que vous avez réprimé en vous-même. Et c'est parce que vous avez résisté à une émotion donnée que vous faites de même quand quelqu'un d'autre la manifeste.

Quand vous êtes irrité par les commentaires de votre conjoint, c'est souvent parce qu'il exprime un ressenti que vous avez réprimé.

Retenez bien ceci : **si vous résistez à une émotion qu'exprime votre conjoint, c'est sûrement parce que vous avez réprimé cette même émotion en vous.**

Par contre, si vous ne vous sentez pas particulièrement agacé envers votre conjoint quand il exprime une émotion et que vous êtes capable de le réconforter, il est peu probable que vous ayez vous-même réprimé cette émotion. Il est juste en train de manifester son propre ressenti.

COMMENT COMPOSER AVEC L'EFFET MIROIR ?

On ne peut pas se débarrasser de l'effet miroir. C'est une dynamique d'interaction humaine qui est à l'œuvre avec tous nos proches. Cependant, on peut se préserver (ainsi que les autres) de bien des désagréments (comme l'angoisse ou la peine) en faisant ce qui suit :

1. Assumez la responsabilité de vos émotions : plutôt que de les réprimer, exprimez-les.
2. Quand un proche manifeste un ressenti et que cela vous irrite profondément, demandez-vous s'il n'est pas en train d'exprimer ce que vous refusez de ressentir ou de voir en vous-même.
3. Quand vous constatez que vos émotions et celles de votre partenaire s'emballent de minute en minute, faites une pause et pratiquez les exercices du chapitre suivant.

Vous ne pouvez pas éviter l'effet miroir, mais vous pouvez l'utiliser pour grandir et créer davantage d'amour dans votre vie.

CHAPITRE 8

TROIS TYPES DE SOINS ÉMOTIONNELS

Les techniques que je décris ici ont déjà fait leurs preuves. Des milliers de personnes s'en sont servies avec succès pour dissoudre leurs tensions émotionnelles et venir à bout des conflits inévitables au sein d'un couple. S'ils n'avaient pas eu ces outils à leur disposition, ils ne seraient peut-être plus – à l'heure où je vous parle – dans une logique de coopération bienveillante. Pas parce que leur amour aurait été déficient, mais simplement parce que les tensions inhérentes à une relation de couple (ou à sa rupture) leur auraient semblé trop lourdes à supporter.

Comprendre pourquoi on se dispute, c'est bien, mais cela ne suffit pas. Ce qui va enrichir votre couple et favoriser votre entente sur le long terme, c'est de savoir quoi faire pour dissiper les tensions et revenir à une position aimante.

Je vous recommande de pratiquer ces techniques quotidiennement. Vous allez peut-être me demander pourquoi c'est nécessaire si on n'a pas l'impression d'avoir de gros ennuis. La réponse, c'est qu'en les mettant en œuvre chaque jour, vos toutes petites tensions ne vont pas s'accumuler jusqu'à se transformer en gros problèmes. Dès que vous avez le sentiment que des tensions ou des résistances se manifestent dans votre couple, ou que vous vous sentez moins bien connectés, ma méthode vous permettra d'empêcher cette distance affective de croître et de nuire aux êtres qui vous sont chers. Si vous prenez régulièrement soin de vos relations affectives, elles resteront saines et vous permettront de rester en contact avec les émotions positives que sont l'amour, la confiance et la joie.

Quand vous éprouvez ne serait-ce qu'une légère résistance vis-à-vis de quelqu'un, il est temps de mettre vos problèmes de côté et de pratiquer un de ces soins émotionnels :

1. **L'imitation constructive**
2. **L'exploitation des ressorts de la colère**
3. **L'écriture émotionnelle**

1 L'imitation constructive

L'IMITATION CONSTRUCTIVE

Il s'agit du premier soin émotionnel. Il se base sur l'idée suivante : **imiter dissout les tensions et crée du lien**.

Cette technique ne vous est pas étrangère : c'est par elle que vous avez acquis beaucoup de compétences quand vous étiez enfant. Vous souvenez-vous de l'époque où vous avez appris à faire du vélo ? Si votre père vous avait simplement transmis des instructions orales, ou vous avait donné un livre traitant du sujet, vous auriez probablement eu peur de vous lancer. Au lieu de cela, il a grimpé sur son vélo pour vous montrer comment faire. Une partie de votre apprentissage a consisté à l'imiter. Vous avez également appris à parler en imitant vos parents. Votre mère répétait : « Dis 'ma-man' » et finalement, vous avez imité sa voix et prononcé « ma-man ». Chaque tentative vous donnait le sentiment d'être plus proche de votre mère, de mieux ressentir son amour et son approbation.

Quand quelqu'un reproduit votre état émotionnel, vous vous sentez soulagé. C'est certainement ce qui explique le succès des séries télévisées et films d'horreur. Si vous êtes déprimé et que vous regardez un acteur triste à la télévision, vous vous sentirez mieux. En fait, il aura simplement reproduit votre tristesse et cela vous aura aidé à dissiper vos tensions émotionnelles. Quant aux films d'horreur, ils sont très populaires parce qu'on y voit des gens morts de peur et que d'une certaine manière, ils mettent en scène nos propres peurs : celles de la douleur, de la mort et de l'inconnu.

COMMENT ÇA FONCTIONNE ?

Vous pouvez utiliser l'imitation constructive pour dissiper les tensions émotionnelles qui existent entre vous et votre conjoint, un enfant, l'un de vos parents ou un ami. Dès qu'une tension pointe le bout de son nez, chacun votre tour, reproduisez ce que l'autre ressent. Le seul fait d'avoir en face de vous une personne qui imite votre ressenti vous permettra d'être apaisé et d'accéder à un niveau plus profond d'acceptation et de lucidité.

Voici comment cela fonctionne : Fred et Wilma parlent d'un nouveau projet. Ils envisagent d'ouvrir une galerie d'art à Los Angeles et ont fait appel aux services d'un entrepreneur qui leur a causé pas mal de soucis et qui est en retard sur le programme. Fred et Wilma sont tous les deux inquiets ; ils se disent que leur projet ne sera pas finalisé à temps. Toutefois, Fred réprime ses sentiments d'angoisse et de peur ; il joue son rôle de mâle, veut se montrer fort. Quant à Wilma, elle exprime ses propres craintes ainsi que les émotions de son mari. C'est l'effet miroir. Mais rien de tout cela n'importe car…

C'est une perte de temps de se demander qui est à l'origine d'une dispute, qui réprime et qui exprime. Tout ce qui compte, c'est de dissiper la tension émotionnelle et de se reconnecter l'un à l'autre grâce à la technique d'imitation constructive.

Ci-dessous, la conversation qu'ils ont entretenue et qui les a menés à se quereller :

Wilma : Mon chéri, j'ai parlé à l'entrepreneur. Il dit qu'il n'a toujours pas posé la moquette. Mais ce n'est pas tout ! Il ignore où se trouvent les luminaires.

Fred : Qu'est-ce que tu entends par « Il ne sait pas où se trouvent les luminaires ? ».

Wilma : Qu'ils n'ont pas encore été livrés ! Le transporteur a pourtant récupéré la marchandise il y a deux semaines ! Les lampes doivent se trouver dans un camion quelque part sur la route… Je commence sérieusement à m'inquiéter !

Fred : Écoute, ne te fais pas de soucis à ce sujet, d'accord ?

Wilma : Si, je m'inquiète vraiment ! Et si les lampes n'étaient pas livrées à temps pour l'inauguration ? La galerie aurait l'air moche !

Fred : C'est pas la peine de paniquer ! Tout va bien se passer. S'inquiéter ne sert à rien ! *(Il commence à s énerver)*

Wilma : Peut-être qu'on a eu des ambitions démesurées et que nous ne sommes pas capables d'assumer cette nouvelle responsabilité. C'est trop de travail. Pourquoi ne veux-tu pas comprendre ce que je ressens ?

Fred : Je m'occupe de tout. C'était mon projet depuis le départ. Alors, fais-moi confiance et tais-toi !

Wilma : Je te fais confiance, mais…

Fred : Non, tu ne me fais pas confiance ! Tu n'arrêtes pas de me prendre la tête avec ces fichues lampes ! Restons-en là, veux-tu ?

Wilma : Je ne peux pas faire comme si de rien n'était, désolée ! Et arrête de me crier dessus !

Fred : Tu sais quel est ton problème ? Tu ne me fais jamais confiance. Et puis, tu perds complètement les pédales ! *(Fred lui-même vient de péter un câble)*

À présent, Fred et Wilma se sont émotionnellement coupés l'un de l'autre et ils se dirigent vers une violente querelle. S'ils poursuivent sur cette voie, ils vont soit exploser de colère, soit la réprimer et créer entre eux une montagne de ressentiment. La solution ? Qu'ils cessent leur affrontement verbal et qu'ils pratiquent l'imitation constructive pour dissiper les tensions.

Cette technique permet de ressentir ses résistances et de les libérer. Au départ, vous vous sentirez peut-être mal à l'aise dans cet exercice. Il se peut que vous ne vouliez pas imiter votre partenaire parce que vous résistez à ses émotions. Mais si vous dépassez ce sentiment de malaise et que vous vous lancez, vous allez épuiser votre résistance et vous vous sentirez en conséquence plus proche de votre conjoint. De ce fait, vous pourrez l'aider à se sentir mieux ! N'oubliez pas : plus vous résistez à cette technique de soin émotionnel, plus cela indique que vous avez besoin d'y avoir recours et mieux vous vous sentirez après coup !

COMMENT PROCÉDER ?

ÉTAPE A. Expression du ressenti

1. Dès que vous sentez que vous entrez en résistance avec votre partenaire (ou enfant, colocataire, etc.), demandez-lui s'il est d'accord pour pratiquer l'imitation constructive.
2. Chacun son tour ! Si c'est vous qui commencez, demandez à votre partenaire d'exprimer ce qu'il ressent (une chose à la fois). Ensuite, vous allez répéter exactement ce qu'il vient de dire. Agissez comme si vous étiez cette personne. Ne la caricaturez pas, ne vous moquez pas d'elle, jouez juste son rôle en vous glissant dans sa peau.
3. La personne qui exprime son ressenti doit dire toute la vérité de ce qu'elle éprouve (en commençant par la colère, puis la souffrance, ensuite la peur, la culpabilité et enfin l'amour). Néanmoins, il n'est pas nécessaire d'en faire trop. Verbaliser quelques émotions négatives puis positives suffit généralement.
4. Alors que vous écouterez et répéterez ce que votre partenaire vous exprime, vous allez de mieux en mieux cerner ses émotions. Vous serez même capable de rajouter vos propres mots pour formuler ce qu'il ressent. Dès lors, il commencera à se sentir soulagé et constatera que vous comprenez réellement ce qu'il éprouve.

ÉTAPE B. S'approprier les émotions de son partenaire

1. Quand votre partenaire a fini, reproduisez ses émotions et son point de vue sans rajouter de commentaires. Il n'est pas nécessaire d'être d'accord avec ce qu'il pense pour le comprendre ou pour le ressentir. Imaginez que vous êtes temporairement dans sa peau et que ses pensées et émotions sont vôtres. Puis, exprimez à votre partenaire toutes ses émotions, plongez-y, et vous constaterez que vous serez bientôt en train de soutenir votre conjoint. Ensuite, vous serez même capable d'y ajouter certaines plaintes qu'il n'aura même pas formulées ! Vous ressentirez parfois le besoin qu'on vous aide à trouver les mots justes et ce n'est pas grave, tant que vous comprenez que votre but – à l'étape B – est de reproduire ce que votre partenaire ressent sans le dénaturer par votre avis.
2. Si au départ, vous percevez une résistance quand il s'agit de répéter ce que votre conjoint exprime, poursuivez. Vous finirez par davantage vous connecter à lui à travers cette imitation constructive et vos tensions vont s'estomper. Il vous sera de plus en plus facile d'effectuer ce travail de répétition.

Par contre, si au bout de 3 ou 4 minutes, vous constatez que c est toujours aussi compliqué pour vous, que vous ne parvenez pas à refléter ce que ressent votre partenaire, que vous commencez à vous sentir énervé, c est que votre conflit dépasse la simple tension superficielle et qu il est trop profond pour que l imitation constructive fonctionne. Dans ce cas, il faudra utiliser l écriture émotionnelle décrite plus loin dans ce chapitre.

ÉTAPE C. Inverser les rôles

Lorsqu'une personne a fini de reproduire les émotions de son conjoint, c'est l'autre qui prend la relève. Celui qui a répété devient celui exprime ce qu'il ressent, et vice-versa.

UN EXEMPLE D'IMITATION CONSTRUCTIVE

ÉTAPE A. Expression du ressenti

Wilma dit à Fred ce qu'elle ressent et il reproduit chacune de ses phrases, l'une après l'autre, sans faire de jeu de mots, sans donner de commentaires ni fournir d'explications, ni se défendre. Même s'il en a envie, il doit s'abstenir de rajouter quoi que ce soit, sinon la technique ne fonctionnera pas. Il doit attendre son tour pour exprimer son ressenti.

Notez bien que Wilma fera passer beaucoup d émotion dans sa voix. Au début, Fred ne parviendra pas à reproduire les mots de sa femme avec la même touche émotionnelle. Ce n est pas grave. Après un certain temps, quand il aura plus amplement essayé de se mettre dans la peau de Wilma, il sera davantage connecté à sa propre sphère émotionnelle et pourra s exprimer de manière plus vibrante.

Voici un exemple :

Wilma : J'en ai franchement marre de cet entrepreneur !
Fred *(répétant ce que dit Wilma)* : J'en ai franchement marre de cet entrepreneur !
Wilma : Quel crétin ! Maintenant, il dit qu'il a perdu le système d'éclairage !
Fred : Quel crétin ! Maintenant, il dit qu'il a perdu le système d'éclairage !
Wilma : Et si jamais on n'avait pas les lampes à temps ? Tu imagines une inauguration sans lumières ? !
Fred : Et si jamais on n'avait pas les lampes à temps ? Tu imagines une inauguration sans lumières ? !
Wilma : Je suis vraiment inquiète. On a peut-être vu trop grand.
Fred : Je suis vraiment inquiète. On a peut-être vu trop grand.
Wilma : Et ça me fait mal quand tu ne comprends pas mes angoisses !

Fred : Et ça me fait mal quand tu ne comprends pas mes angoisses !

Wilma : Tu fais toujours comme si tout allait bien et tu me laisses m'inquiéter de tout. Ça me rend dingue !

Fred : Tu fais toujours comme si tout allait bien et tu me laisses m'inquiéter de tout. Ça me rend dingue !

Wilma : En fait, j'ai peur que notre projet échoue.

Fred : En fait, j'ai peur que notre projet échoue. Et j'ai peur que l'endroit soit moche. *(Fred rajoute maintenant ses propres mots, parce qu il a bien compris ce que ressent sa femme et qu il est parvenu à se connecter à sa propre sphère émotionnelle)*

Wilma : Oui, moi aussi, j'ai peur que l'endroit soit moche. Maintenant, j'aimerais que tu reproduises mon ressenti avec tes propres mots.

ÉTAPE B. S'approprier les émotions de son partenaire

Quand Wilma demande à Fred d'exprimer ce qu'elle ressent avec ses mots à lui, il est possible qu'elle soit déjà apaisée, mais ce n'est pas certain. Cela n'a pas d'importance. Cette deuxième étape y contribuera. De son côté, Fred est peut-être pressé de pouvoir donner son propre ressenti. Il devra encore patienter au moins une ou deux minutes avant de pouvoir le faire. Pour l'heure, il faut qu'il continue à rester dans la peau de Wilma. Il pourrait par exemple dire :

Fred : Je suis inquiète. J'ai peur que la galerie ne soit pas prête à temps. Et si nous n'avions pas l'éclairage pour l'inauguration ? Ce serait catastrophique. Je déteste cet entrepreneur ; il est irresponsable ! Et je déteste quand tu te comportes de manière détachée, comme si tout allait bien ! Je t'en veux de considérer que je suis trop émotive. Toi, tu as la sensibilité d'un robot. Tu me rends dingue. Ça me blesse profondément quand tu te montres indifférent à ce que je ressens. Ça me donne l'impression que tu t'en fiches. J'ai besoin que tu tiennes compte de mes sentiments ! J'ai besoin que tu me réconfortes et que tu me livres aussi tes émotions. Je t'aime tellement ; tu es merveilleux.

À ce stade, Wilma se sent beaucoup mieux parce que Fred a partagé son ressenti. Quant à ce dernier, il fait preuve de moins de résistance parce qu'il est enfin parvenu à écouter, accepter et ressentir les émotions de sa femme. Pratiquer l'imitation constructive a suscité chez Fred des émotions et il a désormais besoin que ce soit Wilma qui répète ce qu'il a à dire. Toutefois, ce n'est pas systématique. Dans certains cas, Fred et Wilma se sentiront tous les deux émotionnellement en paix et n'auront pas besoin d'intervertir les rôles.

ÉTAPE C. Inverser les rôles

Cette étape est optionnelle. Mais si Fred ressent de l'animosité ou une quelconque tension, il aura besoin que sa femme l'imite. Ils reprendront alors les deux étapes précédentes. Cela pourrait se traduire ainsi :

Partie 1

Fred : Tu paniques tout le temps. Je déteste ça !
Wilma : Tu paniques tout le temps. Je déteste ça !
Fred : Je savais déjà que les lampes arriveraient en retard.
Wilma : Je savais déjà que les lampes arriveraient en retard.
Fred : Je n'aime pas que tu manques de confiance en moi.
Wilma : Je n'aime pas que tu manques de confiance en moi.
Fred : Quand tu paniques, ça m'énerve vraiment. Pourquoi t'affoles-tu comme ça ?
Wilma : Quand tu paniques, ça m'énerve vraiment. Pourquoi t'affoles-tu comme ça ?

Fred : Je me sens agressé.
Wilma : Je me sens agressé.
Fred : J'ai l'impression que tu ne crois pas en moi.
Wilma : J'ai l'impression que tu ne crois pas en moi.
Fred : Ça me fait mal de te voir en colère.
Wilma : Ça me fait mal de te voir en colère.
Fred : J'ai envie que tu me fasses confiance.
Wilma : J'ai envie que tu me fasses confiance.
Fred : Je voudrais que tu aies foi en moi.
Wilma : Je voudrais que tu aies foi en moi.
Fred : J'aimerais que tu me trouves formidable.
Wilma : J'aimerais que tu me trouves formidable.
Fred : Je veux que tu sois heureuse et que tu te sentes en sécurité.
Wilma : Je veux que tu sois heureuse et que tu te sentes en sécurité.
Fred : Je suis agacé de te voir énervée.
Wilma : Je suis agacé de te voir énervée.
Fred : Je t'aime si fort. Je te trouve merveilleuse. Je peux aussi comprendre ce que tu ressens. Parfois, je suis un peu trop énervé moi aussi.
Wilma : Je t'aime si fort. Je te trouve merveilleuse. Je peux aussi comprendre ce que tu ressens. Parfois, je suis un peu trop énervé moi aussi.

Ici, Wilma fait siens les sentiments de Fred et elle les reproduit sans commentaires. Elle se comporte comme si elle était dans la peau de Fred pour n'exprimer que le ressenti de ce dernier.

Partie 2

Wilma : Pourquoi paniques-tu tout le temps ? Tu n'es jamais contente. Tu t'inquiètes constamment. Tu ne pourrais pas me faire confiance ? Détends-toi un peu ! Tout va bien se passer. Je déteste quand tu ne crois pas en moi alors que je travaille dur !

Vraiment, ça me blesse. Quand tu ne me fais pas confiance, ça me rend triste. Il y a des jours où tu n'arrêtes pas de me critiquer ! J'ai besoin que tu m'aimes et que tu me soutiennes, pas que tu me fasses sans arrêt des réflexions. Je mérite ton amour. Je suis formidable et tu l'es toi aussi !

Vous tirerez un bénéfice majeur de l'imitation constructive : vous pourrez vous exprimer sans subir l'opposition et les commentaires de la personne à laquelle vous vous adressez. Si je me mets à dire ce que je ressens à ma femme, elle va spontanément se sentir poussée à intervenir et me signifier son désaccord. Mais si elle le fait, cela m'empêchera d'aller au bout de mon processus d'exploration émotionnelle.

Voici un autre exemple d'imitation constructive :
La querelle.

Un jour, Fred appelle la mère de Wilma. L'espace d'un instant, un peu préoccupé, il oublie qui il est en train d'appeler. Et quand la mère de Wilma décroche, il est sous l'effet de la surprise et ne se souvient plus de son nom. Ils parlent ensemble pendant quelques minutes et Fred raccroche. Wilma, qui a assisté à la scène, se sent soudainement très contrariée. C'est le genre de situation qui pourrait les mener à ce type de conflit :

Wilma : Fred, je t'ai trouvé très impoli avec ma mère !
Fred : Impoli ? Comment ça ? Je n'ai pas été impoli !
Wilma : Si ! Tu as oublié son prénom ! Comment peux-tu oublier le prénom de ma mère ? Elle a dû se sentir très mal à l'aise.
Fred : N'en fais pas toute une histoire ! Je ne peux pas me souvenir du prénom de tout le monde !
Wilma : Ma mère n'est pas n'importe qui ! J'ai parfois l'impression qu'il te manque des neurones !
Fred : Écoute, je n'avais pas l'intention de l'appeler aujourd'hui. C'est

toi qui m'y as poussé. Puisque tu le prends comme ça, je ne lui téléphonerai plus !

Wilma : Ce n'est pas la peine de me narguer ! Arrête de te comporter comme un gamin !

Fred : Il faut toujours que tu me fasses des reproches ! Ça me rend malade !

STOP !!!

Sans l'imitation constructive, cette discussion virerait très vite à l'échange de noms d'oiseaux, aux claquements de portes et à la séparation. Dans la deuxième phrase de Wilma, on constate qu'elle était en train de se connecter aux émotions qui l'unissent à sa mère et qu'à cette occasion, elle a eu mal pour elle. Elle entamait un processus naturel d'exploration émotionnelle par la verbalisation. Cependant Fred l'a interrompue pour exprimer sa colère, ce qui n'a fait qu'accroître l'irritation de sa femme. Habituellement, Fred et Wilma restent tous deux scotchés à leur colère jusqu'à ce qu'ils soient fatigués de se battre ou qu'ils décident d'enterrer l'affaire. Cette fois-ci, ils vont pratiquer l'imitation constructive :

Wilma : Je suis énervée à propos de ce coup de téléphone et j'aimerais que tu reproduises mon ressenti.

Fred : OK.

Wilma : T'es vraiment un abruti ! Comment as-tu pu oublier le nom de ma mère ?

Fred : T'es vraiment un abruti ! Comment as-tu pu oublier le nom de ma mère ?

Wilma : Comment as-tu osé te montrer aussi impoli ? !

Fred : Comment as-tu osé te montrer aussi impoli ? !

Wilma : Je suis si peinée pour elle. Elle a vraiment dû se sentir mal.

Fred : Je suis si peinée pour elle. Elle a vraiment dû se sentir mal.

Wilma : Tu te rends compte ? Son beau-fils l'appelle et il ne sait même plus comment elle s'appelle ? !

Fred *(qui commence à se connecter au ressenti de sa femme)* : Tu te rends compte ? Son beau-fils lui téléphone et il se comporte comme un crétin qui ne sait même plus comment elle s'appelle !

Wilma : Ma mère t'aime tellement ! Elle doit vraiment avoir de la peine et se sentir laissée pour compte.

Fred : Ma mère t'aime tellement ! Elle doit vraiment avoir de la peine et se sentir laissée pour compte.

Wilma : J'ai envie que tu aimes ma mère ; je veux que tu sois attentionné envers mes parents et que tu me montres que tu tiens à moi.

Fred : J'ai envie que tu aimes ma mère ; je veux que tu sois attentionné envers mes parents et que tu me montres que tu tiens à moi.

Wilma : C'est ça, je veux que tu m'aimes davantage.

À ce stade, ils comprennent tous deux que ce qui a tant énervé Wilma, ce n'était pas d'avoir un mari qu'elle jugeait stupide, mais simplement l'impression qu'il n'aimait pas vraiment sa famille. Elle en a été profondément meurtrie. Maintenant, Fred peut mieux comprendre et il est à même de trouver un remède au problème. Par ailleurs, lorsque Wilma dit à Fred qu'elle le trouve stupide et qu'il répète ces mots, il exprime également son propre ressenti, ce que sa fierté l'aurait auparavant empêché de reconnaître. Ce qui aurait pu dégénérer en grosse dispute s'est finalement révélé une opportunité de se sentir plus proches l'un de l'autre.

Ensuite, Fred complète le processus par l'étape B (il s'est approprié le ressenti de sa femme et l'exprime avec ses mots, mais sans commentaires personnels) :

Fred : Quelle espèce d'idiot tu fais ! Tu perds la tête ou quoi ? Tu es tellement égocentrique que ça me rend malade. Comment as-tu pu oublier le prénom de ma mère ? Franchement, ça me

> blesse. Et je suis sûre qu'elle aussi a eu de la peine. Comment tu le prendrais, toi ? Tu es parfois si insensible ! Je déteste tes excuses à la noix ! J'aimerais que tu penses davantage aux autres au lieu de constamment être sur ton nuage ! J'ai vraiment été triste d'entendre que tu avais oublié comment ma mère s'appelait. Elle a vraiment dû se trouver mal. Je veux que tu aimes ma mère et ma famille. Je veux que tu t'en soucies réellement et que tu le démontres dans les faits. Je t'aime si fort et je te pardonne… Mais ne recommence plus.

Dans cet exemple, Fred fait preuve envers lui-même d'un jugement plus sévère que celui que Wilma a énoncé. Cela l'aide à se sentir mieux mais c'est également utile à sa femme qui pourra plus aisément pardonner et revenir à une position aimante.

Que faire quand on ne sait pas ce qu'on ressent

Si des tensions naissent entre vous et votre partenaire et que vous avez envie de les verbaliser en pratiquant l'imitation constructive, il se peut que vous ayez du mal à savoir exactement ce que vous éprouvez. Dans ce cas, quelques phrases d'introduction types peuvent vous être utiles. Par exemple, une de celles qui marchent bien, c'est : « En ce moment, je ressens… » (poursuivez en laissant venir tout ce qui vous saute à l'esprit). En répétant régulièrement cet exercice – où il s'agit de compléter une amorce de phrase – vous viendrez progressivement à bout de vos blocages et vos émotions s'écouleront plus aisément.

Exemple : Je me sens énervé par ma compagne et je souhaite pratiquer l'imitation constructive mais je ne sais pas comment m'y prendre pour verbaliser ce que j'éprouve. Au lieu de simplement lui dire « Je ne sais pas exprimer ce que je ressens » (ce qui va immanquablement la frustrer), je vais m'y prendre ainsi :

En ce moment, ce que je ressens... c'est que je suis dans une impasse.
En ce moment, ce que je ressens... c'est de la frustration.
En ce moment, ce que je ressens... c'est l'envie de me cacher sous terre.
En ce moment, ce que je ressens... c'est l'impression que tu ne m'aimes plus.
En ce moment, ce que je ressens... c'est que tu t'en fiches.
En ce moment, ce que je ressens... c'est que je suis blessé parce que tu n'as pas aimé le discours que j'ai écrit. Parfois, tu fais comme si je t'étais acquis. Alors, je me sens vraiment mal, etc.

Tout au long de cet exercice, je vais entrer en contact avec mes émotions profondes. Si jamais je rencontre un nouveau blocage, je répète la phrase d'amorce et je la complète. Je recommence jusqu'à ce que mon ressenti puisse à nouveau s'exprimer de manière fluide. Pour que ce soit efficace, il est indispensable que ma compagne répète chacune de mes phrases.

Utiliser l'imitation constructive avec sa famille, ses amis et au travail

L'imitation constructive fonctionne bien quelle que soit la nature de nos relations : parents/enfants, frère/sœur, employé/employeur, entre amis ou colocataires. Imaginons que vous soyez célibataire et que vous en vouliez à une personne qui n'est pas près de vous pour pratiquer l'imitation constructive. Eh bien, vous pouvez demander à un ami de prendre sa place.

Exemple : Wilma est furieuse envers son patron. Il a exigé qu'elle fasse des heures supplémentaires jusque tard le soir et le lendemain, il ne l'a même pas remerciée. Elle rentre du travail et tourne en rond dans l'appartement, en se sentant malheureuse. Wilma a deux possibilités : soit elle ressasse sa colère, soit elle trouve quelqu'un – par exemple, une amie – avec qui pratiquer l'imitation constructive.

Wilma fait comme si elle s'adressait directement à son patron. Une phrase après l'autre, elle lui dira tout ce qu'elle ressent et son amie le répétera.

Wilma : Monsieur Simpson, vous n'êtes qu'un crétin !
L'amie : Monsieur Simpson, vous n'êtes qu'un crétin !
Wilma : Vous n'avez aucun respect pour moi et j'en ai plus qu'assez !
L'amie : Vous n'avez aucun respect pour moi et j'en ai plus qu'assez !
Wilma : Je me sens terriblement mal quand vous me traitez comme un meuble !
L'amie : Je me sens terriblement mal quand vous me traitez comme un meuble !
Wilma : Vous me blessez en ne me démontrant pas plus d'intérêt, en ne m'appréciant pas à ma juste valeur, etc.

Par l'imitation constructive, Wilma fait plusieurs choses. En premier lieu, elle évacue de la tension physique et psychique en libérant ses émotions plutôt que de les réprimer en elle. En second lieu, grâce à la verbalisation de son ressenti elle a pu l'explorer et mettre le doigt sur ce qui l'ennuyait profondément (ne pas se sentir appréciée à sa juste valeur) plutôt que de rester engluée dans son indignation. Et enfin, elle a évité d'accumuler du ressentiment et de la colère, émotions qu'elle aurait peut-être fini par déverser sur n'importe qui, de manière totalement injuste.

D'AUTRES EXEMPLES

Il vous est possible d'utiliser l'imitation constructive avec une personne qui n'en aura aucune idée. Bill, un célèbre réalisateur travaillant pour une chaîne de télévision, a assisté à l'un de mes séminaires et il a appris la technique que je développe dans ce chapitre. Quelques jours plus tard, il était sur un tournage et s'est fortement énervé avec un membre de l'équipe. Sans réfléchir, il s'est mis à lui crier dessus devant tous les acteurs. Il a humilié cet homme et a généré une forte tension sur le plateau. Le lendemain, celui à qui il s'en était pris était furieux, et tous les acteurs se sentaient nerveux. Bill a donc décidé d'expérimenter l'imitation constructive. Il invita le membre de l'équipe qu'il avait agressé à le rejoindre dans sa loge et se mit à reproduire les émotions de ce dernier. Il s'adressa à lui ainsi : « Tu sais, quand j'ai hurlé sur toi hier, devant tout le monde, tu t'es probablement dit : Mais comment peux-tu te permettre de m'agresser verbalement et de m'humilier devant les autres ? Le respect, ça te dit quelque chose ? Et d'abord, t'es qui pour me faire une scène de ce genre, monsieur J'ai-la-grosse-tête ? ». L'autre le regarda d'un air étonné, parce que Bill exprimait exactement l'amertume qu'il ressentait ; il se mit à sourire. Bill poursuivit : « D'ailleurs, si j'étais toi, je me sentirais vraiment blessé d'avoir eu affaire à un réalisateur qui se moquait éperdument de mes sentiments et j'aurais pensé que notre relation serait fichue à jamais ». Le membre de l'équipe opina du chef et répondit : « Oui, c'est tout à fait ce que j'ai éprouvé ». « Eh bien, j'en suis désolé, rajouta Bill. J'ai perdu la raison. Mais je comprends sincèrement à quel point tu as dû te sentir mal ». « Je crois qu'effectivement, tu m'as compris ». Et ils échangèrent une poignée de main. Quand Bill m'a raconté cette histoire, il a précisé qu'après sa séance d'imitation constructive, il y eut un changement notoire sur le plateau de tournage. Tout le monde était détendu et riait, les gens s'entendaient bien et ils finirent leur travail très tôt ce jour-là. Personne ne savait que Bill avait pratiqué l'imitation constructive, mais chacun en avait perçu les effets positifs : la tension s'était volatilisée. S'il s'était contenté de marmonner quelques excuses, les choses se seraient peut-être améliorées, mais juste de manière superficielle. L'imitation constructive a quant à elle dissipé des tensions profondes. La personne ayant été insultée eut l'assurance que sa rancœur était pleinement comprise par son agresseur.

Sally utilisa l'imitation constructive avec son fils de six ans, Brian. Ce dernier devait se rendre chez un ami pour y passer le week-end. Mais au dernier moment, Sally eut un contretemps et elle ne put l'y accompagner. Brian était furieux et marchait en rond dans la maison. Il commença à s'en prendre à sa petite sœur. Sally tenta de savoir ce que son fils ressentait, puis elle lui dit : « Brian, si j'étais à ta place, je penserais : Punaise, ma mère est vraiment méchante ! Je la déteste. C'est la pire maman du monde. Elle m'a promis quelque chose et après, elle revient sur sa parole. C'est le pire week-end de toute ma vie ! Je ne peux jamais m'amuser ! ». Brian se mit à pleurer. Il commença à ressentir et à libérer ses émotions. Sa mère était parvenue à exprimer tous les sentiments qu'il avait réprimés et cela lui apporta du soulagement.

L'imitation constructive n'est pas seulement une méthode originale permettant de comprendre le point de vue d'autrui, c'est aussi une opportunité de traiter des tensions refoulées, de dire toute la vérité de son ressenti et de se connecter profondément l'un à l'autre sur le plan émotionnel. Nous avons tous besoin de sentir que nous sommes compris. L'imitation constructive répond parfaitement à ce besoin humain, tout en nous soulageant de nos tensions internes et en libérant des émotions indésirables telles la frustration, l'angoisse et la déprime.

2

L'exploitation des ressorts de la colère

L'EXPLOITATION DES RESSORTS DE LA COLÈRE

L'exploitation des ressorts de la colère est une technique simple et efficace pour libérer la colère et prévenir la haine de soi ainsi que la culpabilité. À chaque fois que vous êtes en colère, cela est dû à une frustration : vous n'êtes pas parvenu à obtenir ce que vous désiriez. Il est relativement facile de soulager ses tensions et sa colère en prenant conscience du désir qui n'a pas été comblé et en le verbalisant. En exprimant l'intégralité de votre colère et de vos reproches, vous parviendrez à percevoir et à exprimer ce que vous espériez. Ensuite, vous ressentirez spontanément ce qu'une part de vous sait déjà : « Je mérite de recevoir ce que j'attends ». Derrière toute colère se cache un désir ; et derrière chaque désir se cache un sentiment d'estime de soi et de mérite.

Ci-dessous, un schéma qui explique bien les origines de la colère :

COLÈRE / REPROCHES

↓

JE N'AI PAS EU

↓

JE VEUX

↓

J'AI DROIT À

↓

JE SUIS

(Estime de soi, conscience de sa valeur, force intérieure)

L'exploitation des ressorts de la colère est un processus qui vous permettra de remonter à sa source et de la transformer en cette force positive qui l'a fait naître. Grâce au schéma ci-dessus, vous pouvez mieux comprendre les conséquences d'un refoulement de la colère : automatiquement, on perd le contact avec ses besoins et ses désirs profonds. Et puis, comme on les a négligés en entrant dans une forme d'engourdissement émotionnel, on perd automatiquement la conscience de sa valeur et l'estime de soi. En niant votre colère, vous niez son origine. Or, c'est justement cette source qui peut vous apporter force intérieure et confiance en vous-même. Grâce à l'exploitation des ressorts de la colère, vous pourrez commencer à vous sentir mieux en seulement quelques minutes. Cette technique comporte trois étapes.

Première étape. S'en prendre à soi-même

Chaque fois que vous commettez une erreur, que vous ratez une opportunité ou que vous vous décevez, utilisez cette contrariété pour vous en prendre à vous-même. Pour commencer, observez-vous dans un miroir et soyez en colère contre vous. Utilisez des amorces de phrases comme :

« Je t'en veux pour… »
« Je te déteste pour… »
« Tu me rends malade quand tu… »
« Je n'aime pas que tu… »
« Je suis embarrassé quand tu… »

Parlez fort ! Dites tout ce qui vous vient à l'esprit, que ce soit rationnel ou irrationnel. Il se peut que vous vous mettiez à hurler, mais vous pourriez très bien employer délibérément un ton agacé ou ferme. Attention : en vous époumonant, vous pourriez aisément passer à côté de vos sentiments profonds. Hurler est parfois une manière inconsciente de les contourner.

Veillez bien à utiliser le « Tu » et non pas le « Je ». Cela contribuera à ce que votre colère s'extériorise ! Par exemple :

NE DITES PAS :	DITES :
« Je me déteste » « Je suis nul(le) » « J'en ai marre d'être faible » « Je hais me comporter comme une poule mouillée »	« Je TE déteste » « TU es nul(le) » « J'en ai marre de TA faiblesse » « Je hais quand TU te comportes comme une poule mouillée »

Au bout de deux ou trois minutes de colère et de reproches ininterrompus et parfois même exagérés, passez à la deuxième étape.

Deuxième étape. Se guider soi-même !

Maintenant, vous allez devenir votre propre guide. En gardant la même assurance et la même colère dans votre voix, vous allez vous motiver en exprimant ce que vous voulez et ce que vous ne voulez pas. Par exemple :

« **Je veux** que tu te montres plus responsable »
« **Je veux** que tu cesses d'abandonner aussi vite »
« **Arrête** de te comporter comme une poule mouillée ! »
« Tu vas **grandir** un peu !? »
« **Je veux** que tu t'en sortes ! »
« **Je veux** que tu réussisses ! »
« **Je veux** que tu aies une bonne opinion de toi-même »
« **Je veux** que tu cesses de te plaindre constamment », etc.

Après avoir verbalisé vos désirs et vos intentions durant une minute ou deux, passez à la troisième étape.

Troisième étape. Devenez votre propre entraîneur et votre propre fan-club !

Toujours sur le même ton ferme, continuez à verbaliser vos émotions en utilisant des affirmations positives et encourageantes. Par exemple :

« **Tu peux** le faire ! »
« **Tu mérites** de réussir »
« **Tu mérites** d'être respecté(e) »
« **Tu es** formidable ! »
« **Tu es** génial(e) ! »
« **J'aime** ton courage et ta force »
« **Je pense** que tu es le (la) meilleur(e) »
« **Je t'aime** »
« **Tu vas** atteindre le succès »
« **Tout le monde t'aime** car tu es vraiment quelqu'un d'aimable »

Pour résumer, l'exploitation des ressorts de la colère est une méthode qui comporte trois étapes. D'abord, on verbalise sa colère et ses reproches (avec le « Tu », on extériorise ses émotions), ensuite, on dit ce qu'on veut et pour finir, on exprime des choses positives et encourageantes.

QUAND ET COMMENT APPLIQUER CETTE MÉTHODE ?

Chaque fois que vous vous sentez affaibli, c'est que quelque part, inconsciemment, vous vous faites des reproches. La colère vous permet de mettre ces émotions à jour, de les faire remonter à la surface et de les extérioriser. Tout naturellement, il s'en suivra une libération d'estime de soi et de force intérieure. Ce procédé est encore plus efficace s'il est pratiqué avec un partenaire. Dans ce cas, imaginez que ce dernier vous représente et commencez à exprimer votre colère et vos reproches. Ensuite, votre partenaire répète chacune de vos phrases. Il est impossible de décrire ou d'imaginer à quel point le résultat est puissant et vivifiant ; il faut en faire l'expérience pour s'en rendre compte ! Alors, la prochaine fois que vous aurez besoin de vous sentir mieux, plus éveillé, plus vivant, plus fort ou plus expressif, trouvez une raison de vous énerver ! Et si rien ne vous vient spontanément à l'esprit, piochez dans des événements passés ou faites preuve d'imagination ! Si le contexte ne vous permet pas de verbaliser de la colère, écrivez ! Certaines personnes s'enregistrent et se réécoutent dans leur voiture quand ils partent travailler, en répétant chaque phrase enregistrée. Si vous optez pour cette formule, n'oubliez pas, lors de l'enregistrement, de laisser suffisamment de blanc entre les phrases pour que vous puissiez les répéter.

Rendez service à vos amis en leur apprenant cette méthode. C'est très simple : une petite explication, puis vous leur faites une démonstration en leur demandant de reproduire vos paroles. L'autre effet positif, quand un tiers (par exemple, une compagne ou un compagnon) vous donne la réplique, c'est que s'il a quelque chose à vous reprocher, ça s'extériorisera lorsqu'il répétera vos propos et qu'au final, il se sentira bien plus proche de vous.

Lorsque sur mon lieu de travail, il y a de la tension dans l'air, nous pratiquons tous ensemble l'exploitation des ressorts de la colère. Dans ce cas précis, tous les membres de l'équipe répètent en chœur les phrases de la personne qui est énervée.

3 L'écriture émotionnelle

L'ÉCRITURE ÉMOTIONNELLE

L'écriture émotionnelle est terriblement efficace quand il s'agit de partager et de révéler toute la vérité en vue de résoudre un conflit. Cela vaut autant pour la relation à soi que pour la relation aux autres. Non seulement c'est un formidable outil de soin émotionnel, mais encore il permet de mieux se connecter à son ressenti. Avec le temps et la pratique, vous comprendrez mieux ce que signifie réellement « dire toute la vérité ».

Au fil des ans, des milliers de personnes ont participé à mes séminaires et ils y ont appris cette technique. Certains sont devenus capables de mettre fin à un conflit au bout de quelques minutes alors qu'auparavant, le même problème leur aurait semblé insurmontable et les aurait poussés à refouler leur ressenti.

LA STRUCTURE TYPE D'UNE LETTRE ÉMOTIONNELLE

Pour écrire une lettre émotionnelle, commencez par exprimer votre colère, vos reproches et votre rancœur. Ensuite, traversez tous les niveaux émotionnels jusqu'à atteindre l'amour. Chaque lettre comporte cinq parties. Les amorces de phrase suivantes vous aideront en cas de blocage, si vous avez du mal à passer d'un niveau à l'autre.

1. Colère et reproches

Je n'aime pas quand tu…
Je t'en veux…
Je déteste quand…
J'en ai marre de…
Je suis fatigué(e) de…
Je veux…

2. Souffrance et tristesse

Je me sens triste quand…
Je me sens blessé(e) quand…
Je me sens mal parce que…
Je suis déçu(e) parce que…
Je veux…

3. Peur et insécurité

J'ai peur…
Je crains que…
Je suis effrayé(e) car…
Je veux…

4. Culpabilité et responsabilité

Je suis désolé(e) de…
Je suis vraiment navré(e) pour…
Pardonne-moi pour…
Je n'ai pas souhaité…
J'aimerais…

5. Amour, pardon, compréhension et désir

Je t'aime parce que…
J'aime quand tu…
Merci pour…
Je comprends que…
Je te pardonne pour…
Je veux…

N'oubliez pas : En cas de querelle, rédigez une lettre émotionnelle !

UNE LETTRE ÉMOTIONNELLE, POUR QUOI FAIRE ?

Le but de l'écriture émotionnelle est d'exprimer et de libérer toutes les émotions négatives qui vous empêchent de ressentir et de partager l'amour que vous portez en vous. Je lui donne aussi le nom de Lettre d'Amour. Pas parce qu'elle commencerait par une formule telle : « Mon ange adoré, je t'aime de tout mon cœur », mais tout simplement parce qu'*elle est destinée à vous soulager de toutes les émotions qui entravent l amour.*

La structure de cette lettre se fonde sur les cinq niveaux d'émotions que nous avons précédemment vus.

Vous me demanderez à quoi ça peut bien servir de s'embêter à s'asseoir pour coucher ses émotions sur papier. Eh bien, la réponse est simple : **se disputer n'arrangera rien !**

Si je commence à verbaliser ma colère devant ma femme, avec l'intention de lui communiquer ensuite ma souffrance, ma peur, ma culpabilité et finalement mon amour, elle ne me laissera pas arriver jusque-là. En entendant ma colère, elle s'énervera immédiatement et m'interrompra. Même si elle affirme consentir à m'écouter jusqu'au bout, son visage trahira son degré de crispation et je ne pourrai pas tranquillement traverser les cinq niveaux d'émotions. Par contre, en m'asseyant dans un endroit paisible pour écrire, je donne à mes émotions une chance d'évolution positive et de guérison

La deuxième particularité de la Lettre d'Amour, c'est qu'elle implique que quelqu'un la lise à haute voix devant vous. Ceci, à plusieurs fins :

1. Quand vous entendrez vos propres émotions dans la bouche d'un tiers, cela les placera hors de vous-même et vous aidera à lâcher prise.
2. La personne qui lit ressentira ses propres émotions en se confrontant aux vôtres. Et pendant qu'elle parcourra votre cheminement à

travers les cinq niveaux, elle fera elle aussi chemin vers l'amour. Si le lecteur était distant, fermé et froid avant d'entamer sa lecture, il se connectera à sa sphère émotionnelle en vous lisant à haute voix.

COMMENT RÉDIGER UNE LETTRE ÉMOTIONNELLE

1. **Commencez** – Parfois, quand il s'agit de rédiger une Lettre d'Amour à son conjoint, le plus dur c'est de se décider ! Essayez de ne pas vous trouver dans la même pièce quand vous écrivez. Il n'est pas nécessaire de se sentir amoureux pour se lancer ! Peu importe votre état émotionnel, si vous voulez aller mieux, commencez par composer une Lettre d'Amour !

2. **N'oubliez aucun des cinq niveaux d'émotions** – Débutez par le premier (colère, reproches) et évoluez progressivement à travers les autres jusqu'à atteindre vos émotions positives. Rappel, ces cinq niveaux s'organisent ainsi :

   I. COLÈRE, REPROCHES, RANCŒUR
   2. SOUFFRANCE, TRISTESSE, DÉCEPTION
   3. PEUR, INSÉCURITÉ
   4. CULPABILITÉ, REGRETS et formule « Je suis désolé(e) »
   5. AMOUR, PARDON, COMPRÉHENSION, INTENTIONS

3. **Ne réprimez aucune émotion** – Le but de la Lettre d'Amour, c'est de permettre à vos émotions de s'exprimer pleinement. Il est possible qu'une part de vous ne soit pas très à l'aise avec certains de vos ressentis, tout comme il se peut que certaines affirmations vous semblent dépourvues de sens, mais surtout, n'exercez aucune censure, ne modifiez rien ! Vous ne parviendrez pas à y voir clair dans vos sentiments si vous décidez d'ignorer ce qui est incohérent ou négatif. Il faut que ça sorte ! Alors, n'essayez surtout pas d'être

rationnel ! Permettez à l'enfant meurtri, apeuré et en colère qui est en vous de s'exprimer sur le papier. Vous avez le droit de vous exprimer comme un gamin piquant une crise de colère, comme une garce ou un crétin ! Faites jaillir de vous tout ce que vous auriez peur que les autres voient. Ce n'est pas le moment de vouloir être gentil, compréhensif ou raisonnable ; surtout dans les premières parties de cette lettre. Attendez d'avoir atteint le niveau de l'amour pour montrer ce que vous portez en vous de beau. Et en admettant que vous ne soyez énervé qu'à 1 %, exprimez-vous comme si vous étiez 100 % en colère.

4. **La colère et les reproches** – Ne soyez pas tendre, en aucun cas ! Prenez le parti de la part de vous qui pense qu'elle a raison et que l'autre personne a tort. Laissez toute votre rage s'extérioriser, ne faites pas appel à votre intellect : « Tu es si minable, tellement égoïste, un(e) véritable abruti(e) ! ».

Voici un exemple de ce qu'il NE FAUT PAS faire : « Je sais que ton père ne t'a jamais démontré son amour et que c'est la raison pour laquelle tu n'aimes pas être tendre avec moi. Mais ça me perturbe quand tu ne m'embrasses pas avant de dormir… ». Cette personne est en train d'analyser ses émotions plutôt que de les exprimer. Elle devrait plutôt dire : « Ça m'horripile que tu ne sois jamais tendre avec moi ! Tu ne m'embrasses même pas avant de dormir… ».

5. **La souffrance et la tristesse** – Au bout d'un moment, vous allez sentir poindre des sentiments de souffrance et de tristesse. Il se peut même que vous ayez envie de pleurer. Ceci s'explique par le fait que la souffrance et la tristesse sont des émotions qui se terrent toujours sous la colère. C'est seulement après avoir extériorisé suffisamment de colère par écrit que vous parviendrez à prendre conscience de ce qui vous a réellement blessé et peiné. Quand vous prenez conscience de ce basculement, commencez l'exploration du

deuxième niveau émotionnel : « J'ai tant de peine quand tu ne m'embrasses pas avant de dormir. Ça me désespère. Comment peux-tu me faire ça ? ».

6. **La peur et l'insécurité** – Une fois que vous aurez bien progressé dans l'expression de votre souffrance, vous commencerez à percevoir des craintes ou un sentiment d'insécurité. Passez alors au troisième niveau émotionnel. Dans l'exemple précité, cela donnerait : « J'ai peur que jamais tu ne m'embrasses comme j'en aurais besoin. J'ai peur que tu sois fâché(e) avec moi et qu'un jour tu me quittes ».

7. **La culpabilité et la formule « Je suis désolé(e)** » – Après avoir exprimé vos peurs, vous avez mieux conscience de ce que vous éprouvez vraiment. Il est désormais temps de passer au niveau suivant et d'assumer votre part de responsabilité dans ce qui s'est passé. Par exemple : « Je suis désolé(e) qu'on ne s'entende pas toujours très bien. Je suis navré(e) de t'avoir critiqué(e) hier alors que tu rentrais à peine du travail. Je comprends que tu n'aies pas voulu m'embrasser après cela… ».

8. **L'amour, le pardon, la compréhension et le désir** – Vous avez passé en revue les quatre niveaux émotionnels qui précèdent celui de l'amour. À présent, vous devenez à nouveau capable de vous sentir profondément connecté au destinataire de votre lettre. Vous retrouvez aussi plus de force intérieure. Très naturellement, vous allez renouer avec votre capacité d'aimer, de comprendre et de pardonner. « Je t'aime tant. Tu es un mari (une femme) fantastique. J'ai envie que nous partagions plus de tendresse… ».

9. **N'espérez pas être conscient de votre amour pour l'autre quand vous débutez la rédaction de votre lettre** – Au contraire, la colère et le ressentiment seront vos émotions prédominantes. Vous

ressentirez aussi peut-être de la souffrance, mais pas grand-chose d'autre. Commencez donc par exprimer votre colère et vos reproches. Vous constaterez que votre ressenti évoluera spontanément vers les niveaux émotionnels suivants. Surtout, n'attendez pas de ressentir à nouveau de l'amour pour vous lancer dans l'écriture émotionnelle ! La finalité de votre lettre, c'est justement de parcourir tous les ressentis qui vous empêchent de vous connecter à votre amour. Si besoin, n'hésitez pas à utiliser des amorces de phrases que vous compléterez par vos propres termes. Elles sont notamment utiles quand on a du mal à passer d'un niveau à l'autre. Vous aurez davantage de conseils à ce propos dans la suite de ce chapitre.

10. **Revenir sur un niveau émotionnel** – Peut-être réaliserez-vous qu'après avoir écrit votre colère, vos souffrances et votre peur, un nouveau sentiment de colère s'empare soudainement de vous. Il n'y a aucun souci. Reprenez la première étape du processus et progressez à nouveau de la colère vers la souffrance puis la peur avant de parcourir les niveaux suivants.

11. **N'arrêtez pas d'écrire avant d'avoir accédé à l'amour !** – Ceci est d'une importance majeure. Si vous posez votre stylo avant d'avoir atteint et exploré le niveau émotionnel de l'amour, le résultat n'est PAS une Lettre d'Amour ! Si au beau milieu du processus, vous vous levez et abandonnez l'écriture, vous abandonnez par là même une possibilité d'améliorer votre relation grâce à l'amour. N'en doutez pas : l'amour est bien présent, même s'il est tout au fond, sinon vous ne seriez pas aussi irrité, blessé ou effrayé. Faites preuve de patience et de persévérance dans l'écriture. Vous verrez que l'amour finira par se révéler.

12. **Veillez à ce que votre lettre soit équilibrée** – La longueur de chaque partie doit être approximativement la même. N'écrivez pas

trois pages sur votre colère, une sur votre souffrance, deux paragraphes pour la peur et la culpabilité, et une ligne pour l'amour. Ce ne serait pas une Lettre d'Amour ! Toute Lettre d'Amour digne de ce nom doit passer en revue les cinq niveaux émotionnels – n'en omettez aucun ! – mais il faut impérativement qu'il y ait beaucoup d'amour et de reconnaissance à la fin de votre travail d'écriture.

13. **Ne cherchez pas à défendre votre point de vue ni même à l'expliquer** – Le but de cette lettre n'est pas uniquement de transmettre des informations. Elle vise à communiquer des émotions. Par exemple, n'écrivez pas : « Quand tu es rentré(e) à la maison et que tu m'as confié ce que ton patron t'avait dit, j'en ai déduit que tu aurais besoin de faire des heures supplémentaires. Ça m'a énervé(e). Mais j'ai préféré attendre la fin du repas pour t'en parler parce que je craignais que tu te mettes en colère ». Ceci est une explication. Dans une lettre émotionnelle, on écrira plutôt : « Je n'aime pas quand tu travailles tard. Je déteste que tu ne passes pas plus de temps avec moi après le travail. Ça me rend triste de te voir travailler autant. Ça me fait mal de ne pas t'avoir à mes côtés. J'ai peur de ne plus te voir suffisamment et j'ai aussi peur que tu m'en veuilles de ressentir les choses ainsi ». Vous saisissez la différence ?

14. **Écrivez cette lettre pour vous, pour résoudre vos propres difficultés émotionnelles et finalement vous reconnecter à votre réservoir d'amour** – Ne vous lancez pas dans l'écriture émotionnelle dans le but de faire changer votre conjoint, votre mère ou qui que ce soit. Le seul fait d'avoir composé une Lettre d'Amour permet de se sentir mieux. Alors, même si son destinataire refuse de la lire, faites-le pour vous.

QUE FAIRE APRÈS AVOIR ÉCRIT UNE LETTRE ÉMOTIONNELLE À SON CONJOINT ?

1. **Une fois que votre lettre est achevée**, remettez-la à votre conjoint et demandez-lui de vous la lire à haute voix, comme s'il en était l'auteur (veillez à ce que votre écriture soit clairement lisible ou tapez votre texte sur ordinateur si vous préférez).

2. **Le destinataire doit lire votre Lettre d'Amour en essayant – du mieux qu'il peut** – d'y rendre votre émotion. Néanmoins, c'est parfois difficile de bien s'y prendre, surtout quand il s'agit de verbaliser des ressentis négatifs à notre égard. Il se peut fort que la voix du lecteur devienne monocorde (particulièrement s'il se met à vouloir contrôler ses émotions pendant qu'il lit). Si c'est le cas, ne lui en voulez pas et ne lui faites aucun reproche à ce sujet. Demandez-lui de relire attentivement la lettre à haute voix – même s'il faut renouveler l'opération quelques fois – jusqu'à ce que ses résistances s'effacent. À mesure qu'il parcourra votre ressenti jusqu'à parvenir à l'amour, ses émotions s'exprimeront plus librement.

3. **Si votre partenaire vous a également écrit une Lettre d'Amour**, lisez-la devant lui, juste après qu'il a fini de lire la vôtre. Si vous ne vous sentez pas mieux après une première lecture, relisez les lettres tour à tour, autant de fois que nécessaire. Chacun peut aussi lire à haute voix la lettre qu'il a rédigée après avoir lu celle de son partenaire.

4. **Si votre partenaire ne vous a pas écrit de Lettre d'Amour**, soit parce qu'il n'en avait pas envie, soit parce qu'il est persuadé que vous êtes le seul à être énervé, ne soyez pas surpris s'il est bouleversé en vous lisant. Cela signifie que votre lettre a fait son œuvre : désormais, votre partenaire est connecté à sa sphère émotionnelle et il peut exprimer ses ressentis refoulés. Il est donc temps pour lui

de composer sa propre Lettre d'Amour ! Cette réaction s'explique très simplement : quand vous révélez l'intégralité de vos émotions, votre partenaire se sent en sécurité pour exprimer les siennes.

5. **Si en lisant la Lettre d'Amour qu'on vous a remise, une phrase vous irrite ou vous émeut particulièrement**, faites une pause puis relisez-la plusieurs fois. Si vous réagissez ainsi, c'est probablement parce que ce passage a fait remonter à la surface des émotions fortes ; vous parviendrez à les libérer grâce à une relecture.

6. **Si vous lisez la Lettre d'Amour avec votre partenaire et que néanmoins, ça ne va pas mieux, voici quelques suggestions :**

   a. Écrivez une autre lettre – vous n'avez peut-être pas extirpé de votre cœur des émotions qui y sont profondément ancrées.
   b. Lisez la lettre que vous avez écrite devant votre conjoint ; cela peut contribuer à évacuer vos émotions.
   c. Relisez la lettre de votre partenaire et demandez-lui de relire la vôtre.
   d. Mettez la Lettre d'Amour de côté pendant une heure, prenez un peu de distance avec votre partenaire en prévoyant de vous retrouver plus tard pour la relire. **Ne communiquez surtout pas avec votre conjoint durant ce laps de temps.**

INSTRUCTIONS À L'ATTENTION DU DESTINATAIRE DE LA LETTRE

1. **Ne pas s'arrêter de lire avant d'être arrivé à la fin de la lettre.** Ceci serait une façon sournoise de vous raccrocher aux émotions négatives que votre partenaire a nourries à votre égard, alors qu'il vous a aussi exprimé son amour et ses excuses. Engagez-vous donc à aller jusqu'au bout de la Lettre d'Amour, peu importe son contenu.

2. **Ne faites aucun commentaire pendant que vous lisez**. Par exemple, interdisez-vous des réflexions telles : « Comment peux-tu me reprocher ça ? Tu es pire que moi ! » ou « Tu me traites d'abruti(e), eh bien c'est toi qui l'es ! ». Contentez-vous de lire les émotions de votre partenaire et de ressentir les vôtres.

QUAND LA LETTRE EST POUR QUELQU'UN D'AUTRE QUE SON CONJOINT

L'écriture émotionnelle est un excellent moyen d'évacuer des émotions négatives pour entretenir une relation plus harmonieuse et aimante. Vous pouvez à ce titre l'employer avec quelqu'un d'autre que votre conjoint : un enfant, un ami, une sœur, un frère, un père, un colocataire, votre patron, etc. Toutefois, respectez bien cette consigne :

En aucun cas ne remettez la lettre sans avoir au préalable expliqué à la personne de quoi il s'agit, quel est son but et sous quelle forme elle se présente.

L'échange de Lettres d'Amour est tout à fait adapté aux relations familiales, amicales, professionnelles et intimes. Ce n'est pas un moyen de déverser sur autrui vos ressentis négatifs mais une opportunité de partager toutes vos émotions pour renouer avec l'amour et la reconnaissance. Il est parfois bon de modérer ses propos dans la première section. Par exemple, si vous écrivez à votre mère et qu'elle lit : « Tu es vraiment une abrutie, maman. Et tu as bousillé ma vie », elle pourrait en être profondément choquée ! **N'espérez pas que vos proches partagent ce type de soin émotionnel avec vous sans qu'ils en aient clairement compris les principes.** Parfois, il vaut d'ailleurs mieux ne pas remettre la lettre à son destinataire. Cependant, on peut demander à un ami de la lire à sa place.

1. Si vous avez rédigé une lettre pour quelqu'un qui se trouve loin de vous ou si cette personne est incapable de vous répondre pour quelque raison que ce soit, demandez à un proche de vous la lire à haute voix. Cela aura un impact positif sur vous deux. Selon la sensibilité de la personne à laquelle vous vous adressez, vous choisirez peut-être d'envoyer la lettre en y retirant la partie consacrée à la colère. Et si votre lettre est adressée à votre fils de trois ans, demandez à votre conjoint de la lire à sa place.

2. Si votre Lettre d'Amour est destinée à une personne qui n'en comprend pas les mécanismes et la structure, vous pouvez très bien la garder pour vous (elle aura eu le mérite d'apaiser votre état émotionnel). Ensuite, rencontrez le destinataire et confiez-lui votre ressenti de manière authentique et complète. Vous pouvez aussi le faire par téléphone ou par simple courrier. Par exemple :

   « Maman, la semaine dernière j'étais **énervé**(e) parce que tu n'as pas cessé de te plaindre de ton état de santé au téléphone. Ça me rend **triste** de te savoir malade et j'ai **peur** que ta santé se dégrade encore. Je me sens désarmé parce que je ne peux rien faire pour t'aider et je suis vraiment **désolé**(e) de me montrer si impatient(e) parfois. Je t'aime et j'ai envie que tu prennes davantage soin de toi pour aller mieux ! ». Les cinq niveaux émotionnels sont ici abordés. Et parce que vous aurez traité vos émotions les plus fortes auparavant grâce à votre Lettre d'Amour (avec un ami pour vous la relire à voix haute), vous pourrez communiquer facilement et sans charge émotionnelle.

3. Une fois que vous serez à l'aise avec cette technique et que vous aurez prêté ce livre à vos proches, vous pourrez la pratiquer ensemble. Assurez-vous juste que tout le monde ait bien compris les règles à respecter pour écrire une Lettre d'Amour et les principes

philosophiques qui la régissent. Au fil des ans, nous avons pu constater l'efficacité de cette méthode quand elle est appliquée avec parents, amis, enfants, etc.

QUE FAIRE SI VOTRE CONJOINT REFUSE DE LIRE VOTRE LETTRE OU D'EN ÉCRIRE UNE ?

Il peut arriver que vous ayez envie de pratiquer l'écriture émotionnelle pour résoudre un conflit mais que l'autre personne s'y refuse. Que devez-vous faire ?

1. N'utilisez pas son refus pour vous raccrocher à vos émotions négatives. Écrivez tout de même votre lettre. Vous le ferez pour vous-même. Vous y gagnerez en voyant tous les ressentis négatifs qui entravent votre amour s'évacuer.

2. Lorsque vous aurez achevé la rédaction de votre Lettre d'Amour, présentez-la à votre partenaire en lui demandant de bien vouloir la lire.

3. S'il persiste dans son refus, ne lui adressez plus la parole, **en aucun cas, jusqu'à ce qu'il l'ait fait.** Si vous lui parliez, cela vous conduirait irrémédiablement à une dispute, à moins que vous ne refouliez votre ressenti, ce qui serait tout aussi mauvais. Dites-lui simplement : « Je me sens mieux après avoir écrit cette lettre. J'aimerais que tu la lises pour que nous puissions faire la paix. Jusqu'à ce que tu l'aies lue, je ne t'adresserai plus la parole, parce que nous nous disputerions à coup sûr. Je te recontacterai d'ici quelque temps pour voir si tu es d'accord ». Ensuite, vaquez à vos occupations et revenez voir votre conjoint au bout d'une heure (ou le temps qui vous semblera opportun). S'il refuse toujours, repartez et réessayez plus tard. Au bout d'un moment, votre conjoint sera curieux et acceptera

de lire votre lettre. S'il ne le fait pas, il vous appartient de sérieusement évaluer la qualité de cette relation. Avez-vous vraiment envie de partager la vie de quelqu'un qui refuse de participer à la résolution de vos conflits de couple ?

QUE FAIRE DE SES LETTRES ÉMOTIONNELLES UNE FOIS QU'ELLES ONT ÉTÉ LUES ?

Ne jetez jamais vos Lettres d'Amour. Je vous suggère de les garder réunies dans un tiroir ou dans un cahier. Ainsi, si vous deviez manquer de temps, sortez-en une ancienne et demandez à votre conjoint de la relire. Vous serez surpris de constater que la majorité de vos lettres concernent le même sujet. La plupart des couples se disputent en effet quasiment toujours pour les mêmes choses. On retrouve généralement dans leurs lettres une dizaine de motifs de dispute qui restent inchangés. Par exemple :

Raison #1 : Pourquoi ne travailles-tu pas davantage ?
Raison #2 : Pourquoi me critiques-tu constamment ?
Raison #3 : Je déteste quand tu boudes, etc.

Au besoin, saisissez-vous d'une lettre qui abordait les mêmes griefs, relisez-la à haute voix et transmettez-la à votre partenaire pour qu'il vous la lise à son tour. Toutefois, ne cédez pas à la facilité en vous reposant sur cette méthode, qui ne doit être utilisée que pour vous dépanner. Il vaut en effet toujours mieux écrire une nouvelle Lettre d'Amour qui sera parfaitement d'actualité.

L'autre bénéfice que vous tirerez du stockage de vos Lettres d'Amour, c'est qu'elles vous permettront de mesurer les progrès de votre relation et de constater à quel point vous vous êtes amélioré. Vous verrez que grâce à la mise en œuvre de cette technique, l'amour sera devenu plus présent, plus fort, au sein de votre couple. Relisez vos anciennes lettres quand vous êtes paisible, pour les observer sous un autre angle et voir à quel point vos difficultés émotionnelles paraissent insignifiantes dès lors que vous êtes aimant et que vous vous sentez aimé. Quand on est sous l'emprise de la colère, on a tendance à tout exagérer ! Relire vos lettres, c'est offrir à votre subconscient un précieux retour pour mieux équilibrer vos réactions émotionnelles futures.

N'oubliez pas : Si les vieilles querelles guérissent et qu'on a traité les anciens problèmes, cela n'empêche pas que de nouveaux conflits se manifestent et que de nouveaux soucis émergent. Il en sera ainsi jusqu'à ce que vous soyez parvenu à traiter toutes vos émotions refoulées ! Envisagez chaque nouvelle crise de couple comme une opportunité d'accéder à un potentiel d'amour plus profond. C'est ce qui se produit quand on utilise la Lette d'Amour comme un plan qui nous permet de mieux explorer le territoire de nos émotions !

COMMENT RÉAGIR FACE À UNE URGENCE ÉMOTIONNELLE ?

Vous est-il déjà arrivé de vous disputer avec votre conjoint juste avant d'entrer dans un restaurant ? Ou alors juste avant de recevoir des invités ? Que faire quand on aurait besoin d'écrire une Lettre d'Amour mais qu'on ne dispose que de cinq minutes ?

ÉCRIVEZ UNE MINI LETTRE D'AMOUR !

Prenez un bout de papier, une serviette de table, une enveloppe – n'importe quoi fera l'affaire – et écrivez juste une phrase par niveau émotionnel. Par exemple : Maxine a l'impression que Sean n'apprécie pas son look. Ils sont sur le point de retrouver des amis au restaurant.

Sean,

1) Je suis vraiment furieuse parce que tu ne m as même pas dit que j étais particulièrement jolie ce soir !
2) Ça me fait de la peine quand tu ne remarques pas mes efforts et que tu ne me fais pas sentir que je suis spéciale à tes yeux.
3) J ai peur que tu ne sois plus fier de moi et que tu cesses d être attentionné comme tu l étais avant.
4) Je suis désolée de réagir trop vivement parfois et de te faire la tête.
5) Je t aime vraiment très fort et je veux qu on s amuse ce soir.
Faisons la paix.

Avec tout mon amour.
Maxine

Même si Maxine n'a pas suffisamment de temps pour exprimer davantage de colère et de souffrance, elle est à présent mieux connectée à sa sphère émotionnelle, et Sean aussi ! Plus tard, quand ils auront le temps, ils pourront écrire une plus longue lettre pour résoudre leur problème.

QUELQUES ASTUCES POUR FACILITER VOS PREMIÈRES TENTATIVES

1. Si vous et votre conjoint souhaitez employer l'écriture émotionnelle mais que vous n'êtes pas très rassurés par rapport au fait de tout révéler à l'autre, ou si vous avez besoin d'être convaincus du résultat probant de cette technique, voici ce que je vous suggère : chacun de vous écrit une Lettre d'Amour à quelqu'un d'autre que son conjoint (par exemple, à votre mère, votre patron, votre sœur...). Ensuite, vous échangez vos lettres et les lisez à haute voix. Quand vous verrez à quel point on se sent bien en faisant cet exercice et combien vous vous sentez à nouveau en paix avec le destinataire de la lettre

(et ceci en dépit du fait qu'il soit absent) vous vous sentirez plus confiants. Vous pourrez alors vous écrire mutuellement en étant davantage convaincus de l'effet positif.

2. Vos premières Lettres d'Amour seront certainement assez longues et vous aurez peut-être du mal à sortir de la colère pour naviguer vers le niveau émotionnel suivant. Ceci est particulièrement vrai si votre relation souffre de nombreux refoulements émotionnels. Dans ce cas, n'écrivez pas tous les reproches que vous avez accumulés envers votre conjoint dans une seule et même lettre. Si l'écriture de votre Lettre d'Amour nécessite trop de temps, traitez un problème à la fois plutôt que de vouloir évoquer la sexualité, l'argent, le pouvoir, la communication et la compatibilité en même temps.

QUELQUES CONSEILS UTILES

Au bout de plusieurs années de pratique de la Lettre d'Amour et à guider d'autres personnes dans l'exploration de leur ressenti émotionnel, j'ai mis au point plusieurs techniques permettant aux émotions de s'exprimer de manière optimale. Quand la tension émotionnelle propre à chaque niveau s'évacue par l'écriture, il est aisé de glisser vers le niveau suivant. Réexaminons ces niveaux séparément.

Niveau 1. Colère et reproches

Si vous êtes très énervé ou au contraire totalement apathique, il y a de la colère en vous. Vous n'en êtes pas forcément conscient car elle est relativement facile à refouler. Il est absolument essentiel de l'exprimer au début de votre Lettre d'Amour ! Si vous ne le faites pas, vous serez incapable de faire le trajet jusqu'à l'amour situé sous les autres émotions qui vous agitent. En cas de blocage, utilisez des amorces de phrases :

« Je déteste quand… »
« Je n'aime pas que… »
« Si je n'étais pas quelqu'un de gentil, je serais furieux de… »
« Je suis en colère quand… »
« J'en ai marre de… »

Voici un exemple avec l'amorce de phrase : « Je suis en colère quand… »

« Je suis en colère quand tu ne me fais pas de compliments. »
« Je suis en colère quand tu passes ta journée à te plaindre. »
« Je suis en colère quand tu ne m'écoutes pas. »

Vous n'avez qu'à recopier la phrase d'amorce et la compléter avec tout ce qui vous vient à l'esprit. C'est la partie de la lettre où vous devez évacuer toutes vos critiques, tous vos reproches, sans être raisonnable et sans endosser de responsabilité. C'est un peu comme piquer une grosse colère par écrit ! Laissez l'enfant qui est en vous s'exprimer ! Vous avez même le droit d'utiliser des formules qui seraient déconseillées dans d'autres circonstances :

« **Tu fais toujours** ça ! »
« **Tu n'es jamais** à l'heure »
« **Tu devrais** grandir un peu ! »

Sentez-vous libre de vous plaindre de tout ce que vous voulez ! Ne réprimez pas votre tendance à critiquer ! Autorisez-vous les généralisations et pourquoi pas les noms d'oiseaux ! Toutefois, essayez d'être précis dans la verbalisation de vos ressentis. Par exemple, au lieu de juste dire : « Je déteste que tu sois méchant avec moi », dites : « Je déteste que tu sois méchant avec moi. Comment as-tu pu me laisser t'attendre au centre commercial pendant deux heures ? ». Enchaîner les « Je te déteste, je te déteste, je te déteste… » n'est pas assez explicite. Il faut aller dans le détail si on veut se libérer des tensions efficacement. Ceux qui ont l'impression d'y parvenir en hurlant des généralités ne font que l'expérience d'un épuisement qui leur permet de réprimer leurs émotions. À chaque niveau, verbalisez vos attentes et intentions. Cela vous sera d'une aide précieuse. « Je veux » est l'expression la plus puissante qui soit pour le faire. Voyons ce que cela donnerait pour le niveau de la colère :

« **Je déteste quand** tu me traites comme si je gâchais ton existence. Je déteste t'entendre dire que tu t'en fiches ! **Je déteste quand** tu ne te contrôles plus et que tu me cries dessus. **Je déteste** te voir m'ignorer. **Je veux que** tu fasses preuve d'attention à mon égard. **Je veux que** tu penses que je suis quelqu'un de formidable. **Je déteste** ta faiblesse. **Je veux que** tu assumes ta part de responsabilité dans nos problèmes. »

Voici quelques phrases d'introduction qui vous seront très utiles :

« **Ça me rend malade quand** tu… »
« **Je suis fatigué(e) de t'entendre** te plaindre… »
« **Tu es décidément trop con(ne)**… »
« **Tu te comportes comme** un(e) idiot(e)… »
« **Comment crois-tu que je me sente quand**… »
« **Comment peux-tu**… »

Quand vous aurez traité votre colère, passez à la section souffrance et tristesse.

Niveau 2. Souffrance et tristesse

Les introductions qui vous aideront à explorer ce niveau émotionnel sont :

« Je me sens triste quand… »

« Ça me blesse quand tu… »
« La raison pour laquelle j'ai mal, c'est… »
« Je suis déçu(e) parce que… »
« Je suis triste de penser que… »
« Je suis peinée de te voir… »

Comme pour le premier niveau, affirmez vos intentions. Pour ce faire, utilisez des expressions comme « Je veux… » ou « J'ai besoin de… ».

Par exemple, une femme pourrait dire à son mari : « Tu ne me prends plus dans tes bras pour m'embrasser et me donner de la tendresse ; **ça me fait souffrir**. **Ça me blesse** de ne plus te sentir attiré par moi. Je suis triste parce que tu ne sembles plus prendre plaisir à être en ma compagnie. **Je veux que** tu me fasses des compliments. Tu n'as même pas remarqué que je portais une nouvelle robe et **ça m'a déplu**. **Je veux que** tu sois fier de moi. »

Maintenant, affrontez et exprimez vos peurs.

Niveau 3. Peur et insécurité

« **J'ai peur que** tu ne m'aimes plus… »
« **J'ai peur que** tu me fasses à nouveau souffrir… »
« **J'ai peur que** tu décides de ne plus m'accorder d'intérêt… »
« **J'ai peur de** ne pas être capable de te rendre heureux/ heureuse… »
« **J'ai peur que** tu ne puisses pas me pardonner… »
« **J'ai peur que** tu n'aimes pas cette lettre… »

Comme auparavant, alternez avec des déclarations d'intention : « Je veux… », « J'ai besoin de… », « J'aimerais… », etc.

Par exemple : « **Je crains** qu'on ne parvienne pas à s'entendre. **J'ai peur** que notre relation empire. **J'ai peur** que tu ne changes jamais. **J'ai peur** de ne jamais être suffisamment bien pour toi. **J'ai peur** que tu me fasses encore souffrir. Je veux que tu m'apprécies. **Je veux que** tu m'acceptes comme je suis. **J'ai besoin de** me sentir en sécurité avec toi. »

Une fois cette section achevée, passez au quatrième niveau émotionnel.

Niveau 4. Culpabilité et responsabilité

La plupart des gens pensent que pour être désolé et faire des excuses, il faut forcément avoir eu tort et être seul responsable des problèmes rencontrés. Cette croyance nous empêche d'entrer en contact avec notre sentiment de culpabilité. Vous n'avez pas besoin d'avoir volontairement blessé quelqu'un pour vous sentir désolé. Si ma mère est malade, j'en suis désolé pour elle. Si je blesse quelqu'un par inadvertance, je vais être navré pour cette personne. Au quatrième niveau de la Lettre d'Amour, vous avez l'opportunité d'exprimer votre part de responsabilité et d'évacuer votre sentiment de culpabilité.

« **Je suis désolé**(e) de t'avoir blessé(e)… »
« **Je suis désolé**(e) de ne pas savoir te rendre heureux/heureuse… »
« **Je suis navré**(e) de me montrer parfois méchant(e)… »
« **Je suis désolé**(e) que nous nous soyons disputés… »
« **Je suis navré**(e) de m'être emporté(e)… »
« **Je suis désolé**(e) de t'avoir critiqué(e) devant tout le monde… »
« **Je suis navré**(e) ; j'ai vraiment fait n'importe quoi… »
« **Pardonne-moi de** t'avoir repoussé(e)… »
« **Je suis vraiment désolé**(e) de t'avoir mis(e) mal à l'aise… »

Introduisez également des phrases d'intention avec « Je veux… » et « J'aimerais… ». Exemple :

« **Je suis désolé**(e) que nous nous disputions encore. **Je suis vraiment navré**(e) de m'être si violemment emporté. **Je suis désolé**(e) d'avoir attendu aussi longtemps pour t'écrire cette lettre. **Je suis désolé**(e) de ne pas te rendre plus heureuse. **Je suis désolé**(e) de nous voir nous meurtrir comme ça. **J'ai envie** de passer de merveilleuses vacances avec toi. **Je veux** qu'on fasse la paix et qu'on s'aime. **J'ai envie** de t'écrire des lettres comme celle-ci plutôt que de me battre avec toi et de hurler. **Je suis navré**(e) d'avoir perdu mon sang-froid. **Je veux t'accepter** tel(le) que tu es et te soutenir. **Je veux** que tu sois heureux(se). **Je ne voulais pas** gâcher notre voyage. **Je voulais** au contraire que tout se passe bien. **Excuse-moi** d'avoir piqué une colère. **J'aurais dû** t'écrire une Lettre d'Amour avant. **Je suis profondément désolé**(e) de t'avoir fait du mal. »

Lorsque vous exprimez un sentiment de culpabilité, ne vous justifiez pas ! Le but de votre lettre n'est pas de déterminer qui a tort et/ou qui a raison. Il s'agit juste de partager sincèrement vos émotions. **Nul besoin d'avoir tort pour se sentir coupable ou désolé**. Dire que vous êtes désolé offre à votre partenaire l'opportunité de vous pardonner et de vous prouver son amour. Une fois que ce quatrième niveau a été traité, il devient facile de glisser vers le dernier pour exprimer son amour, son pardon, sa compréhension et ses intentions de manière authentique.

Niveau 5. Amour, pardon, compréhension et intentions

Maintenant que vous avez clairement formulé vos émotions sur quatre niveaux, vous allez spontanément ressentir de l'amour et de la reconnaissance pour votre conjoint. Cela ne signifie pas forcément que vous approuverez son comportement mais dénotera d'un besoin profond de l'aimer à nouveau. Le mot pardon peut se décomposer en par-don. Il traduit ainsi pour celui qui l'exprime, la volonté de revenir à une dynamique de don dans la relation. C'est dire : « Je peux t'aimer même si je ne suis pas d'accord avec ce que tu as fait ». Puisque vous avez déjà pleinement exprimé votre colère, votre souffrance, vos peurs et votre culpabilité, vous êtes maintenant prêt à ressentir l'amour et à le laisser jaillir de votre cœur !

« **J'aime** être près de toi. »
« **J'aime** ta sensibilité. »
« **Pour moi, tu es** la (le) plus adorable des femmes (maris). »
« **Tu me donnes** tellement confiance en moi. »
« **J'aime** quand tu m'embrasses. »
« **J'aime** ta manière de t'amuser avec moi. »
« **J'aime** la façon dont tu t'habilles pour moi. »
« **Je te remercie** d'avoir choisi de vivre avec moi. »
« **J'ai besoin** que tu me prennes dans tes bras. »
« **Je t'encourage** à me livrer la réalité de ton ressenti. »
« **Je te pardonne** de m'avoir critiqué(e). »
« **Je comprends** que tu te sois senti(e) menacé(e). »
« **Merci** de m'aimer comme tu le fais. »

N'oubliez surtout pas d'employer des phrases d'intention avec « Je veux… », « J'ai besoin de… », « Je te promets… », « Je sais que… », etc. Par exemple :

« **Je t'aime** si fort ! J'ai besoin de sentir que tu m'aimes aussi. **Je veux** que tu ne cesses jamais de m'aimer. **J'essaierai** de t'accepter davantage tel(le) que tu es. **J'adore** vivre à tes côtés. Tu es si drôle ! Et si talentueux(se) ! **J'aime** quand tu te confies à moi et je vais essayer de m'ouvrir davantage à toi. **Je pense** que nous sommes bien assortis. **Je sais** que tu ne voulais pas me blesser et **je te pardonne** d'être quelques fois dure avec moi. **Tu peux** être si doux (douce) ! **Je t'aime** et **je veux** que tu m'aimes. Réconcilions-nous ! »

Il n'est pas impossible qu'en passant du niveau culpabilité à celui de l'amour, vous ressentiez une nouvelle bouffée de colère. Cela signifie tout bonnement que vous n'avez pas suffisamment extériorisé cette dernière : une part d'elle était profondément enterrée et elle surgit enfin. Commencez donc à la coucher sur papier et vous vous redirigerez progressivement vers l'amour. Si toutefois vous deviez toujours vous sentir blessé ou fâché après cela, écrivez ce que vous ressentez et repassez par les quatre premiers niveaux émotionnels, même si vous ne consacrez qu'une seule phrase à chacun. Quand vous arrivez au niveau 5, laissez-vous totalement aller, n'intellectualisez pas les choses. Utilisez des superlatifs comme : « Tu es le meilleur mari du monde ! ». Faites en sorte que votre partenaire sache que vous l'aimez. Personne ne s'en lasse jamais ! On n'est jamais redondant quand on dit à sa mère, à sa sœur ou à qui que ce soit d'autre qu'on l'aime. N'oubliez pas que vous ne faites pas que communiquer des informations : vous êtes en train de permettre à vos émotions de s'écouler librement. C'est une entreprise qui est facilitée par la mise en mots. Quand l'amour n'est pas régulièrement exprimé, il stagne. Et quand il stagne, on cesse de le percevoir. Évidemment, si vous écrivez à une personne dont vous n'êtes pas amoureux, la dernière section de votre lettre sera un peu différente. Voici quelques phrases d'introduction qui vous guideront dans ce cas :

« **J'apprécie** véritablement de t'avoir comme ami(e). »
« **Merci** d'être là pour moi quand j'ai besoin d'aide. »
« **J'aime** quand tu me confies tes impressions. »
« **J'adore** ton sens de l'humour. »
« **Je vais t'aider** à obtenir ce que tu souhaites. »
« **Je comprends** que tu fais de ton mieux. »
« **Vous êtes** un employeur modèle. »
« **Je trouve que** vous êtes un(e) excellent(e) enseignant(e). »

N'en faites pas trop et ne simulez pas votre amour à ce stade. Il y a des gens que vous n'aimerez jamais parce que vous n'avez pas grand-chose en commun. Néanmoins, vous pouvez écrire une Lettre d'Amour à ce genre de personnes. Dans la dernière partie, essayez de discerner leurs bonnes intentions et de leur pardonner leurs erreurs. Voyez s'il vous est possible de vous sentir proche d'eux de quelque manière que ce soit. Il est toujours possible de trouver une qualité à quelqu'un. Et rappelez-vous ceci : ce que vous ne parvenez pas à pardonner aux autres, vous serez inconsciemment tenté de le reproduire vous-même pour mieux le comprendre.

La dernière partie de votre Lettre d'Amour vous offre la chance de découvrir l'immense réservoir d'amour et de reconnaissance que vous portez en vous. Et cela ne fonctionne que parce que vous êtes parvenu à exprimer toutes les émotions qui le recouvraient : la colère, la souffrance, la peur et la culpabilité. L'écriture émotionnelle est un outil très efficace pour renouer avec la confiance en soi. Plus vous l'emploierez, plus vous aurez la certitude que sous chaque émotion négative, il y a de l'amour qui ne demande qu'à s'exprimer. Tout ce que vous avez à faire pour le percevoir, c'est de dire toute la vérité de votre ressenti.

EXEMPLES DE LETTRES ÉMOTIONNELLES

J'ai fait le choix de vous présenter quelques Lettres d'Amour pour vous donner une idée de ce que cela représente dans la réalité. Celles-ci ont été rédigées par des personnes ayant assisté à mes séminaires ou que j'ai pu accompagner en qualité de thérapeute.

Tim et Jane

Tim et Jane se sont disputés au sujet de l'entretien de la maison. Voici leurs lettres ; elles sont relativement courtes.

« Cher Tim,

Tu es un crétin ! Qu'est-ce qui t'arrive ? J'en ai marre de devoir râler tous les matins pour que tu sortes du lit ! Je déteste ta paresse. Tu ne pourrais pas te lever tout seul, espèce de fainéant ? Tu ne finis jamais rien de ce que tu commences. Il y a tant à faire et toi, tu dors ! Ça me rend malade ! Et en plus, tu t'énerves parce que je te réveille ! Ça me rend furieuse. Je déteste quand tu me fais passer pour une donneuse de leçons ! Ça me blesse que tu m'en veuilles alors que j'essaie juste de t'aider. Je suis peinée de te voir toujours fatigué parce que je préférerais que tu sois en forme.

Ça me fait mal quand on se dispute comme ça. Je suis triste qu'on ne gère pas notre temps de la même manière et que tu aies besoin de plus de sommeil que moi. Je suis triste parce qu'on se fait mutuellement du mal. J'ai peur qu'en continuant comme ça, tu ne fasses de moi une perpétuelle râleuse. J'ai peur que tu cesses de m'aimer à cause de ça. J'ai peur qu'on n'en finisse jamais avec les travaux parce que tu dors trop ! J'ai peur qu'entre l'école, le travail et le sommeil, on ne se voie pas beaucoup dans les années qui viennent. Je crains que tu ne puisses pas m'aider à m'occuper du bébé à cause de ta fatigue. Je suis désolée de rouspéter si souvent. Je suis désolée que tu sois épuisé. Je suis désolée de te sortir du lit. Je crois que je le fais parce que tu me manques et que j'ai envie d'être avec toi. Je suis désolée que tu doives travailler autant et que cela te fatigue à ce point. Je suis désolée de ne pas t'aider davantage.

Tim, je t'aime vraiment beaucoup. Tu es un mari formidable et on partage tant de choses ensemble. J'ai de la chance de pouvoir vivre avec toi. Partager ton quotidien me remplit de joie. Je sais que tu m'aimes et que je compte pour toi. Tu es quelqu'un de merveilleux et je suis fière de toi. J'aime tout ce que tu as déjà fait dans cette maison. Je te pardonne d'être aussi fatigué ; moi aussi, je le suis. Je suis heureuse de t'aimer. Merci d'être si gentil avec moi. Je t'aime.

Jane. »

« Chère Jane,

Qu'est-ce qui se passe avec toi ? Tu ne pourrais pas me lâcher la grappe ? Tu n'arrêtes pas de râler, encore et encore ! Si tu es si intelligente, pourquoi est-ce que tu ne t'occupes pas toi-même des travaux dans la cuisine ? Je déteste que tu me traites comme ça. C'est pas toi qui vas les percer, ces fichus trous, et je ne te vois pas monter les étagères non plus. Ça m'agace quand tu te plains ! J'ai envie que tu apprécies ce que je fais, pas que tu me rabaisses sans cesse. Vraiment, je déteste ça ! Ça me blesse tellement quand tu me renvoies que je ne suis pas parfait, que je fais des erreurs. Ça me blesse de ne pas être suffisamment bien pour toi. Ça me fait mal quand tu me traites de fainéant. Je suis triste de ne pas être plus compétent pour les travaux de la maison. Et ça me blesse que dès que je fais un truc de travers, tu me le fais remarquer ! J'ai peur de vivre le reste de mes jours en restant un raté ! J'ai peur de travailler trop. J'ai peur que tu ne m'envisages que comme un clown maladroit et un peu con. J'ai peur de ne pas avoir suffisamment de temps pour faire tout ce que j'aimerais. J'ai envie qu'on prenne plus de temps pour s'amuser ensemble, et qu'on ne fasse pas que bosser et faire des travaux. Je suis désolé parce qu'en vérité, je m'en veux terriblement d'avoir déversé ma frustration sur toi. Je suis désolé d'avoir perdu mon calme. Je suis désolé de t'avoir crié dessus. Je suis navré d'être parfois si paresseux. Je suis désolé de ne pas être plus habile quand il s'agit de réparations. J'ai vraiment honte de moi quand je m'énerve comme ça.

Jane, je t'aime vraiment très fort. Je ne te le dirai jamais assez. J'espère juste que tu sauras lire l'amour sur mon visage et que tu le verras jaillir de mon cœur. Tu es une épouse fantastique et j'adore partager ta vie. Je n'imagine pas meilleure compagne. J'apprécie l'amour que tu me donnes ; j'en ai tant besoin. Je veux que tu sois fière de moi. Je veux que notre maison soit belle. Je veux être le meilleur des maris pour toi. Je t'aime et je veux te rendre heureuse.

Avec mon amour.

Tim »

LETTRE DE JOANNE POUR SON PETIT AMI

« Cher Franck,

Quel égocentrique tu fais ! Je déteste la manière dont tu t'es comporté à la soirée. Comment as-tu osé partir discuter avec cette femme et me laisser en plan pendant vingt minutes ? Je n'ai jamais été aussi furieuse de toute ma vie ! Tu me rends malade ! Tu es comme tous les autres types que j'ai rencontrés : tout ce qui t'importe, c'est ton ego et le sexe. Eh bien, j'en ai assez. J'ai détesté te voir flirter avec cette garce. J'ai détesté avoir l'impression que je vous dérangerais si je venais te rejoindre. Je te déteste pour avoir gâché ma soirée en me mettant si mal à l'aise. Et je suis en colère parce que quand je me suis plainte, tu t'es comporté comme si tout ça n'avait pas la moindre importance, me donnant l'impression que j'exagérais. Je voulais passer cette soirée avec toi et tu as tout fichu en l'air ! Je souffre tant de ce que tu m'as fait subir. Mon cœur est brisé. Je suis triste de penser que tu te lasses de moi. J'étais super mal en te voyant plaisanter et rire avec elle pendant que j'étais seule dans mon coin. Ça me blesse profondément quand tu me mets à l'écart, quand tu nies notre amour, quand tu penses que je ne suis pas assez bien pour toi. J'ai été triste de nous sentir si distants durant cette soirée. J'ai envie qu'on soit proches tout le temps. Ça m'a fait mal de voir que tu accordais tant d'attention à cette femme pendant que tu m'ignorais. J'aimerais que tu comprennes ce que j'ai ressenti. J'ai besoin que tu me fasses sentir que je suis spéciale à tes yeux. J'ai peur que tu veuilles rompre. J'ai peur que tu ne sois plus amoureux de moi. J'ai peur que tu trouves une femme plus séduisante que moi. J'ai peur de devenir jalouse au point que ça t'énerve. J'ai peur de ne pas être assez bien pour toi. J'ai peur de ne pas être à la hauteur face aux autres femmes. J'ai peur que ce problème se manifeste régulièrement entre nous. J'ai peur de finir seule. Je suis désolée de t'avoir agressé quand nous sommes rentrés. Je suis désolée de ne pas davantage te faire confiance. Je suis désolée de m'être repliée sur moi-même et d'avoir été si froide quand nous avons fait l'amour. Je suis navrée qu'on se soit disputés. Je suis désolée d'être aussi jalouse. Je sais que tu m'aimes et qu'entre cette femme et toi, il n'y avait rien d'autre qu'une agréable conversation. Je suis désolée de parfois me refermer comme une huître quand nous sommes invités en soirée. J'imagine que c'est parce que je ne me sens pas très à l'aise en société.

Je veux te faire confiance. Je veux que nous soyons heureux. Je veux que tu m'associes à toi quand tu t'amuses. Je veux t'aimer et te rendre fier de moi. Je veux apprendre à ne plus me sentir en danger quand nous ne sommes pas ensemble. Franck, je t'aime tant. C'est la plus belle relation que j'ai jamais eue. Tu m'accordes si bien ton soutien moral et je trouve que tu es un homme fabuleux. Te fréquenter me rend heureuse. Ta gentillesse et ta sensibilité me sont précieuses. J'aime vivre à tes côtés. J'aime la façon dont tu m'écoutes et je sais que tu prêtes attention à ce que je ressens. Merci d'avoir voulu que nous utilisions les Lettres d'Amour pour régler nos conflits. Merci d'être si compréhensif avec moi quand je me sens en insécurité affective. Grâce à toi, je me sens belle et je t'en remercie. J'ai envie de ressentir ça plus souvent. J'ai vraiment besoin de toi dans ma vie. Je veux que nous progressions ensemble et que nous nous aimions davantage chaque jour.

Avec tout mon amour.

Joanne. »

LA LETTRE DE BONNIE À SON PÈRE

Note de l'auteur : Bonnie n'a pas donné cette lettre telle quelle à son père. Elle a demandé à quelqu'un d'autre de la lui lire à haute voix. Ensuite, elle a radouci la partie consacrée à la colère. Puis, elle a remis la lettre modifiée à son père pour qu'il la lui lise.

« Cher papa,

Tu es vraiment un abruti ! Tu ne m'as jamais aimée. Tu ne m'as jamais soutenue. Tu ne m'as jamais comprise. Je te déteste pour avoir été aussi froid durant toutes ces années. Je te déteste pour ta méchanceté et ton incapacité à démontrer de l'amour. Tu es la personne la plus égocentrique du monde. Tu es un sale type qui ne sait rien faire d'autre que boire et se plaindre. Je te déteste pour n'avoir jamais été là quand maman avait besoin de toi. Tu ne l'as jamais aimée et jamais soutenue. J'ai détesté te voir la maltraiter. Tu me rends malade. J'ai honte de toi. Je hais ta façon de picoler sans arrêt. Je hais ta faiblesse. Je te déteste parce que tu n'as jamais été un père pour moi.

Tu ne t'es jamais soucié de moi, tu n'as même jamais joué avec moi et j'en ai souffert. J'avais mal de ne pas être aimée par toi. J'ai l'impression de ne pas avoir eu de père. Je n'ai même jamais su qui tu étais réellement et ça me rend triste encore aujourd'hui. J'ai de la peine en pensant à ce qu'on a raté tous les deux. J'ai mal en te voyant te tuer à petit feu avec l'alcool. J'ai mal d'être aussi en colère contre toi. Je voudrais me sentir proche de toi, pas en colère. J'aimerais pouvoir être fière de toi. Je suis peinée d'avoir honte de toi.

J'ai peur qu'effectivement tu ne m'aimes pas. J'ai peur de ne jamais avoir été désirée par personne. J'ai peur qu'on ne soit jamais proches. J'ai peur de ne jamais pouvoir te pardonner. Je voudrais pouvoir le faire. Je veux parvenir à t'accepter et à t'aimer.

Je suis navrée de ne pas toujours t'aimer. Je suis désolée de ne pas t'appeler plus souvent. Je suis désolée de t'avoir mis à l'écart. Je suis désolée de souhaiter parfois avoir un autre père que toi. Je suis vraiment navrée de te voir dans un état si pitoyable. Je suis désolée de ne rien pouvoir y changer. Je suis désolée pour toi d'avoir eu une vie si difficile. Je suis désolée de ne pas pouvoir te rendre heureux. Je veux que tu sois heureux. Je veux que tu cesses de boire. Je veux que tu saches qu'au fond de moi, je t'aime. Je veux être plus proche de toi. Je te remercie pour tout ce que tu as fait pour moi. Je sais que tu as essayé de faire de ton mieux. Et je sais que ça a été dur pour toi aussi. J'aime tes pointes d'humour et ces moments où je me sens proche de toi. Ton amour compte beaucoup pour moi. Je veux que nous nous aimions et que nous soyons amis. Je veux que tu sois heureux. Tu as tant d'importance à mes yeux.

Avec mon amour.

Bonnie. »

Lettres d'Amour écrites par des enfants

« Papa,

Tu me rends folle ! Ça m'énerve quand tu cries sur maman ! Je déteste quand tu refuses de venir me voir. Je suis triste que tu ne sois pas fier quand je te dis ce que j'aimerais faire quand je serai grande. Je suis triste que tu ne vives plus avec nous. J'ai peur que tu ne m'aimes jamais vraiment. J'ai peur que tu ne sois jamais fier de moi. Je suis désolée que tu fumes. Je t'aime beaucoup !

Pollyanna, 10 ans. »

« Chère maman,

Je déteste que tu parles de moi devant mes amis. Ça me gêne. Je suis triste que tu me mettes mal à l'aise comme ça. J'ai peur qu'un jour tu dises à quelqu'un un secret que je t'ai confié. Je suis désolé de te demander de ne plus parler de moi. Je t'aime beaucoup. S'il te plaît, demande-moi si je suis d'accord avant de parler de moi aux autres.

Matt, 13 ans. »

« Chère maman,

Je suis en colère parce que tu m'as frappé. Je suis triste quand tu cries sur moi. J'ai peur quand tu cries et que tu t'énerves contre moi. Je suis désolé de ne pas t'avoir écoutée. Je t'aime parce que tu es très spéciale.

Ari, 9 ans. »

ÉCRIRE UNE LETTRE POUR SOI

Une manière très efficace de retrouver de l'énergie, c'est de s'écrire une Lettre d'Amour ! Plutôt que de vous morfondre, d'avoir le cafard seul dans votre coin, de vous assommer de critiques ou de finir dépressif, asseyez-vous et écrivez-vous, en commençant par exprimer votre colère pour progressivement vous diriger vers l'amour. Ainsi, vous ne resterez pas englué dans des émotions négatives susceptibles de vous empêcher d'aller de l'avant et d'empirer la situation.

« Chère Marie,

Vraiment, tu me gonfles. Je déteste que tu donnes à tous les autres autant d'importance. Je déteste que tu n'oses toujours pas demander de l'aide, parce que tu penses que tu ne le mérites pas, que ce qui t'arrive n'est pas si grave. Qu'est-ce qui se passe avec toi ? Crois-tu vraiment qu'il faille attendre que tu traverses une grosse épreuve avant de mériter qu'on t'accorde de l'attention ? Ça m'attriste vraiment de voir que tu ne t'aimes pas suffisamment pour comprendre que tu mérites qu'on s'occupe de toi et qu'on t'aime pour ce que tu es. Ça fait mal de ne pas le demander. Ça fait mal d'avoir peur de le demander. C'est triste de te voir aussi impuissante qu'une petite fille. J'ai peur que tu ne réalises jamais que tu mérites d'être aimée. J'ai peur que tu te sentes toujours coupable de demander qu'on t'aide. J'ai peur que tu ne te crées toi-même de gros ennuis pour justifier qu'on te porte secours et que même dans ce cas de figure, tu persistes à te sentir coupable pour avoir sollicité l'aide d'autrui. Je suis navrée qu'il ne te soit pas plus aisé de t'aimer. Je suis désolée que tu aies toujours l'impression d'être cette petite fille qui ne mérite pas qu'on s'occupe d'elle. Tu mérites vraiment qu'on t'aime et qu'on prenne soin de toi. Je veux que tu exprimes ce que tu veux et ce que tu ressens. Je veux que tu t'aimes suffisamment pour ne pas te sentir coupable quand on fait preuve d'attentions à ton égard ou qu'on t'accorde un traitement de faveur. Tu le mérites amplement ! Tout comme tu mérites d'être aimée ! Tu es douce et généreuse. Tu as déjà aidé tant de personnes. Maintenant, c'est ton tour ! Je veux que tu verbalises tes besoins et tes souhaits. Et surtout, que tu te sentes à l'aise avec ça. Je t'aime. Tu es une personne méritante et aimante.

Avec mon amour.
Marie. »

CHAPITRE 9

L'AMOUR NE SUFFIT PAS

Tomber en amour est une expérience fabuleuse. Au début, tout paraît si simple et il est difficile de croire qu'on puisse un jour voir les choses autrement. Mais l'amour ne suffit pas quand on veut entretenir une relation sur le long terme. Les flèches de Cupidon peuvent vous faire passer une incroyable soirée, un week-end enchanteur ou même un mois délicieux avec l'élu de votre cœur, mais pour que votre relation soit épanouissante jusqu'à ce que la mort vous sépare, c'est une autre affaire ! Il faut beaucoup plus que de l'amour !

Grâce aux flèches de Cupidon, vous passerez peut-être une nuit d'amour exceptionnelle, mais pour une relation de couple épanouissante sur le long terme, elles ne seront pas suffisantes.

L'amour et la compatibilité doivent aller de pair pour qu'une relation dure.

Si deux personnes sont incompatibles, leur relation ne durera pas. L'amour et la compatibilité doivent être réunis pour que la relation fonctionne au fil du temps. En accompagnant des couples, j'ai réalisé que 10 à 20 % des mariages n'auraient jamais dû se concrétiser si on avait pris en compte le problème de l'incompatibilité. C'est ainsi que des gens se retrouvent mariés sans même avoir pris le temps de s'interroger sur leurs similitudes et leurs différences pour savoir si oui ou non ils pourraient vivre ensemble dans la paix et l'harmonie.

Quand deux personnes ont besoin l'une de l'autre, elles font naître en elles des sentiments de passion et d'excitation.

Si votre partenaire et vous-même avez évolué dans la même direction et que vous partagez une vision commune du couple, vous allez tout naturellement vous compléter. Vous aurez mutuellement besoin l'un de l'autre pour vous permettre de progresser encore sur le plan individuel et devenir des êtres complets. Ressentir ce besoin de l'autre a quelque chose d'excitant et contribue à créer de la passion au sein du couple. Le premier émoi de l'amour-passion est certes séduisant, mais il faut que la relation soit basée sur un besoin mutuel pour survivre.

Être compatibles, cela signifie avoir des rêves communs et être d'accord sur la manière d'atteindre les buts qu'on s'est fixés, aussi bien séparément qu'en couple. Cela veut aussi dire qu'on se ressemble dans notre manière de savourer l'existence et d'envisager le bonheur. Toute relation de couple devrait avoir un but et une direction. Si deux personnes prennent des directions opposées et ne mûrissent pas ensemble, leur amour ne tiendra pas.

L'amour ne suffit pas. Si vous n'allez pas dans la même direction pour grandir ensemble, votre amour se réduira en cendres.

Si votre partenaire vous ressemblait en tous points, vous vous ennuieriez beaucoup ! Les différences créent l'attirance.

Toutefois, cela ne veut pas dire qu'il faille être tout à fait identiques. Au contraire, puisque les différences génèrent de l'attirance ! Si deux personnes sont trop semblables dans un couple, leur relation deviendra ennuyeuse. Et cependant, si les différences sont trop importantes, elles seront sources de conflits et de tensions au lieu d'être stimulantes et d'apporter l'équilibre.

Faites une liste de ce que vous attendez de votre relation et demandez à votre partenaire de faire de même. Ensuite, comparez vos listes pour voir si vos objectifs et vos attentes sont (ou peuvent devenir) compatibles. Si tel est le cas, c'est un bon départ ! Hélas, même avec de l'amour et de la compatibilité, il est possible que la relation ait des ratés jusqu'à ce qu'on y injecte un élément essentiel : les outils permettant au quotidien de venir à bout des conflits et des tensions. En utilisant les techniques développées précédemment, vous éviterez d'accumuler dans votre relation des tensions émotionnelles qui pourraient nuire à votre amour jusqu'à le détruire.

L'amour ne suffit pas à lui seul. Il faut d'autres ingrédients comme la compatibilité et du savoir-faire pour qu'une relation fonctionne bien.

Il est également important de vous réserver des moments d'intimité. Planifiez cela comme vous le feriez pour un cours de gymnastique ou pour votre travail ! Je vous suggère de consacrer trois plages d'intimité planifiée à votre relation chaque semaine. L'intimité planifiée, c'est un temps durant lequel on partage ses émotions, on se parle, on s'aime (sans attentes sexuelles spécifiques). C'est un moment qui n'appartient qu'à vous et que rien ni personne ne doit interrompre. Prévoir du temps pour se retrouver en toute intimité permet de garder une relation de couple pleine de vitalité et de promesses.

Planifier des moments d'intimité est aussi important que de prévoir du temps pour travailler ou s'amuser.

Les gens taisent leurs désirs et leurs émotions et cependant, ils espèrent que leur conjoint les satisfera.

CHAPITRE 10

SAVOIR EXPRIMER CE QU'ON SOUHAITE

Certaines personnes reprochent à leur conjoint d'avoir besoin de lui dire ce qu'elles désirent dans le cadre de leur relation. Elles se disent : « S'il (ou elle) m'aimait vraiment, il (ou elle) saurait quoi faire ». N'attendez surtout pas que votre partenaire sache ce qui se passe dans votre tête ou dans votre cœur ; il n'est pas devin ! Dites-lui ce que vous aimeriez et n'oubliez pas de lui demander quels sont ses désirs. Si vous ne recevez pas ce que vous espérez, faites savoir quels sont vos besoins plutôt que d'attendre d'être déçu ! Taire vos attentes, c'est le meilleur moyen pour nourrir de la rancœur et de la souffrance à l'égard de votre partenaire.

Bien entendu, il est impossible de toujours obtenir ce qu'on souhaite dans un couple. Néanmoins, si vous êtes compatibles, vous pourrez contribuer à ce que chacun de vous soit globalement satisfait. Quand vous souhaitez quelque chose, demandez-le et soyez prêt à négocier pour que vos besoins à tous les deux soient satisfaits. De cette manière, tout le monde gagne et personne ne perd !

Si vous ne recevez pas ce que vous aimeriez, confiez vos désirs à votre partenaire plutôt que d'attendre d'être déçu.

De temps en temps, vous aurez l'impression que votre partenaire ne vous apprécie pas. Certaines personnes estiment qu'en pareil cas, plutôt que de demander plus de preuves d'amour, il vaut mieux mettre un terme à la relation. Elles se disent : « Je ne vais tout de même pas mendier de l'amour ! ». Or, demander ce dont on a besoin, ce n'est pas mendier. Si vous n'obtenez pas de votre conjoint suffisamment d'amour et de reconnaissance, il est de votre responsabilité d'exprimer ce besoin. Partez du principe que votre partenaire désire vous soutenir et qu'il a simplement besoin d'être guidé. Vous n'avez pas besoin d'attendre qu'on vous fasse des éloges, ni même de partir à la pêche aux compliments ;

Dans un couple, exprimez vos désirs en acceptant de négocier pour que chacun y trouve satisfaction.

vous méritez d'être apprécié. Essayez de passer un peu de temps ensemble à la fin de chaque journée pour vous montrer reconnaissants envers tout ce que vous faites l'un pour l'autre. Chacun votre tour, dites : « Ce que j'apprécie vraiment chez toi, c'est… ». Ensuite, faites savoir à votre partenaire ce que vous aimeriez qu'il apprécie chez vous.

N'oubliez pas que la reconnaissance n'est pas une voie à sens unique ! Si vous attendez plus ou moins patiemment que votre conjoint vous démontre qu'il vous apprécie, demandez-vous si vous lui avez déjà dit à quel point vous lui étiez reconnaissant. Ceci est évidemment tout

Pas besoin d'attendre qu'on vous fasse des éloges ni d'aller à la pêche aux compliments. Si vous ne recevez pas les manifestations d'amour dont vous avez besoin, demandez-les.

aussi valable pour vos amis. La reconnaissance est contagieuse ! Plus vous exprimez votre gratitude aux autres, plus ils se sentiront à l'aise pour vous exprimer la leur. Ne dites pas seulement à votre partenaire que vous l'aimez ; dites-lui pourquoi ! Personne ne se lasse d'entendre les raisons pour lesquelles il est aimé. Soyez précis ! Le fait de manifester un amour conditionnel donne un sens et une importance particulière à la relation ; ce qui fait que vous aimez l'autre rend votre relation unique.

Dites à votre compagne pourquoi vous l'aimez. Le fait d'avoir des raisons d'aimer – donc de vivre un amour conditionnel – donne de l'importance et un sens spécifique à la relation de couple.

De nombreuses personnes confondent amour et soumission : « Si elle m'aime, elle doit faire ce que je veux » ou « Je le ferai même si je ne le souhaite vraiment pas, parce que je t'aime ». Le moyen le plus sûr pour ruiner une relation de couple, c'est de sacrifier ses désirs et ses besoins dans le but d'être aimé. Quand vous cessez d'accorder de l'importance à votre personne et à vos désirs, il n'y a plus deux personnes dans la relation. C'est difficile de s'intéresser à quelqu'un qui n'existe plus…

Beaucoup de gens confondent la soumission et l'amour. Le meilleur moyen de faire disparaître l'amour dans une relation de couple, c'est de sacrifier ses désirs.

Aimer quelqu'un ne signifie pas lui attribuer une valeur supérieure à la vôtre.

Aimer quelqu'un ne signifie pas considérer qu'il a plus d'importance que soi-même. Il n'y a rien de plus ennuyeux que d'être en couple avec une personne qui pense qu'elle ne vaut rien ou pas grand-chose. Vous vous méprenez si vous croyez que vous impressionnerez votre conjoint en le traitant comme s'il était mieux que vous. Si vous faites plus de cas de votre partenaire que de vous-même, vous réaliserez un jour qu'il sera lui aussi devenu son seul centre d'intérêt.

Sachez que pour que votre amour ait une chance de durer, c'est d'abord de vous qu'il faudra prendre soin. Le souci de l'autre doit s'exprimer de manière équivalente de part et d'autre. Le fait de prendre soin de vous offre à votre partenaire une opportunité de vous aimer et de vous soutenir.

Dans certains couples, il y en a un qui se sacrifie pour l'autre en s'occupant de toutes les tâches ménagères et en endossant toutes les responsabilités, sans jamais laisser savoir à l'autre à quel point c'est difficile de tout assumer. Ensuite, il lui en veut d'être à bout de souffle.

Pour que l'amour dure, il faut que chacun ait un souci équivalent de l'autre. Mais en premier lieu, il faut prendre soin de soi.

Si vous êtes dans ce cas de figure, planifiez un conseil de famille où tout le monde s'assied autour d'une table et où on dresse ensemble la liste des corvées à faire. Dites quelles sont celles que vous assumez habituellement seul. Puis, demandez à chacun de choisir une tâche qui lui plaît le plus. Pour celles qui restent, soit vous vous en occuperez à tour de rôle, soit vous chargerez quelqu'un de le faire à votre place. Ainsi, rien ne sera plus considéré comme un dû. Vous constaterez qu'on vous sera davantage reconnaissant pour ce que vous faites.

Quand vous répartissez les corvées, plus rien n'est considéré comme acquis et on vous apprécie davantage pour ce que vous faites.

Pour la plupart des gens qui sont paisibles, « haïr » est un vilain mot. Pourtant, si la haine n'est pas exprimée verbalement, elle peut entraîner une incapacité à ressentir l'amour.

CHAPITRE 11

L'AMOUR N'EXIGE PAS D'ÊTRE AIMABLE EN TOUS TEMPS

Aimer quelqu'un ne vous engage pas à être toujours d'accord avec lui ni même de vous sentir en permanence à l'aise en sa compagnie. L'aimer ne veut pas dire que vous apprécierez toujours ce qu'il fait ou ce qu'il omet de faire. Personne ne peut se prévaloir d'être parfait ! Quand on apprécie quelqu'un il y a toujours un moment où on désapprouve ses paroles ou son comportement. Et si vous êtes profondément amoureux, vous connaîtrez inévitablement des moments où non seulement vous désapprouverez, mais où vous détesterez même ce que fait l'être aimé. Pour la plupart des gens, « haïr » est un mot qu'il ne faut pas prononcer. C'est très tabou d'oser dire qu'on peut ponctuellement haïr son partenaire. En général, on se le permet uniquement quand on divorce !

Pourtant, la haine n'est qu'un symptôme qui indique que l'amour est entravé ! Il est tout à fait naturel – quand on aime quelqu'un – de mépriser un comportement quand il est difficile à accepter. Habituellement, on voudrait que l'autre change pour qu'on soit capable de l'aimer à nouveau. Toutes les rancœurs étouffées finissent par mener à la détestation. Si vous ne verbalisez pas cette haine, vous allez la refouler et inexorablement vous réprimerez votre aptitude à aimer pleinement.

Quand il vous est impossible de partager, exprimer et évacuer vos émotions négatives, elles prennent de l'ampleur jusqu'à devenir disproportionnées.

La colère réprimée est très contagieuse ;
on se la transmet de proche en proche.

Quand on ne peut pas partager ou exprimer ses émotions négatives, elles s'accumulent et prennent des proportions démesurées. Vous produirez beaucoup d'efforts pour les étouffer ; vous penserez peut-être à un moment que vous les avez oubliées. Or, même si elles n'existent plus sur un plan conscient, elles sont toujours à l'œuvre et vous êtes condamné à réagir de façon exagérée au sein du couple.

Évacuer des émotions négatives, ce n'est pas si compliqué. Vous avez juste besoin de dire toute la vérité de votre ressenti. Il y a des gens qui essaient mais n'y parviennent pas, parce que leur conjoint pique une colère quand ils expriment la leur. Or, ces allers-retours de colère compliquent l'évacuation des émotions négatives et le retour à l'amour et au pardon.

Les aller-retours de colère empirent souvent les choses.

La solution est simple et néanmoins terriblement efficace. Dès que vous commencez à percevoir du ressentiment, asseyez-vous et écrivez une Lettre d'Amour en suivant les instructions du chapitre 8. Jetez sur le papier toute votre colère et toutes vos rancœurs, déplacez-vous à travers les niveaux de souffrance, peur et culpabilité et – miraculeusement – un nouveau souffle d'amour va émerger et vous envahir. Vous serez alors, en toute sincérité, capable de pardonner votre conjoint et de l'aimer à nouveau.

Pardonner quelqu'un ne signifie pas qu'on soit d'accord avec le comportement qu'il a eu. Pardonner, c'est évacuer sa résistance émotionnelle pour libérer les flots d'amour qu'on porte en soi. Pardonner, c'est redevenir capable de donner son amour comme avant.

Pardonner ne signifie pas qu'on approuve les comportements d'autrui.

La colère refoulée est très contagieuse. De nombreuses familles sont touchées par cette épidémie. Réprimer sa colère, c'est un bon moyen pour la voir se manifester dans nos comportements, malgré nous. C'est comme ça qu'on finit pas la déverser sur le premier venu, sur sa femme ou sur ses enfants, qui eux aussi se défouleront sur des tiers innocents.

Quand vous faites tout pour rester agréable en réprimant vos émotions négatives, vous leur permettez de croître jusqu'à ce que vous explosiez de manière totalement irrationnelle ou que vous soyez émotionnellement anesthésié jusqu'à ne plus ressentir d'émotions positives !

C'est très spontanément que vous allez avoir l'envie de pardonner, dès lors que vous aurez exprimé toutes vos émotions négatives. Le pardon marque l'acceptation de ce qui s'est passé. Une fois que vous avez

Pardonner, c'est <u>donner</u> son amour comme par avant, c'est agir <u>par</u> le <u>don</u> d'amour.

Quand vous cessez d'aimer, c'est vous qui souffrez.

pardonné, vous pouvez travailler sur la relation en vue d'éviter la répétition du problème. Le pardon marque aussi la volonté de faire cesser un conflit et de renouer avec l'amour. Ne vous méprenez pas, il ne s'agit pas d'oublier, mais de verbaliser la rancœur pour que la tension émotionnelle s'estompe et qu'on puisse enfin ressentir une volonté de pardonner.

Le processus de libération des émotions négatives pour accéder à un authentique état d'amour et de pardon est un élément essentiel du développement personnel. En effet, quand vous cessez d'aimer, c'est vous qui souffrez le plus. Quand vous vous raccrochez à la colère et au ressentiment, vous passez à côté de l'amour. Alors que quand vous travaillez sur vos émotions négatives pour renouer progressivement avec le désir d'aimer, c'est vous qui y gagnez !

Si vous vous autorisez à ressentir et à guérir de votre haine et autres émotions négatives, vous allez libérer l'amour auquel elles faisaient obstruction. Ce n'est pas un signe de faiblesse ou d'échec d'exprimer ses ressentis négatifs au sein d'un couple. Au contraire ! Cela prouve que vous êtes fort et que vous vous êtes engagé à évacuer tout ce qui pourrait faire obstacle au ressenti et à l'expression de votre amour !

Avant de mettre un terme à votre relation, donnez à votre partenaire une vraie chance de s'y investir.

CHAPITRE 12

METTRE FIN À UNE RELATION

Très souvent, quand on veut quitter quelqu'un, on cherche à rassembler des éléments de preuve pour justifier son choix. On commence par mentalement dresser une liste de tous les « crimes » de lèse-amour que notre partenaire a pu commettre. Et puis, un jour, on la lui balance à la figure. « Tu n'es pas assez bien pour moi, en voici la preuve. J'ai été maltraité(e) et j'ai donc raison de te quitter ».

Avant de mettre un terme à votre relation, il est important d'évacuer l'accumulation de ressenti négatif qu'on a nourri envers son conjoint pour pouvoir se connecter à l'amour et à la gratitude. Lorsqu'au sein d'un couple, l'amour est réprimé à cause d'erreurs répétées de communication, il est inévitable qu'on se sente moins lié à son partenaire. Cependant, tout comme il est impossible de savoir si on est fait l'un pour l'autre sans s'aimer, il est impossible de définir qu'on n'est plus compatibles si on ne se connecte pas à l'amour qui nous a réunis au départ et si on ne se remémore pas les raisons pour lesquelles on a décidé de vivre ensemble. Vous n'avez pas besoin de cesser d'aimer votre partenaire pour le quitter. Si vous êtes honnête envers vous-même et si vous avez évacué les sentiments négatifs que vous portiez à votre conjoint, vous ressentirez toujours de l'amour pour lui. Dans le cas où l'envie de rompre vous traverserait l'esprit, prévenez votre partenaire et offrez-lui une chance d'améliorer votre relation ensemble. Dites-lui ce que vous attendez, ce que vous n'obtenez pas et dressez le bilan de votre couple.

Travaillez ensemble pour exprimer et libérer toutes vos émotions refoulées de colère, de souffrance, de peur et de culpabilité. C'est en disant toute la vérité de votre ressenti que vous pourrez à nouveau vous connecter à votre amour. Cela ne veut pas dire qu'il vous faille rester ensemble, mais que si vous vous quittez, ce sera sans animosité et en

Très souvent, quand on veut mettre fin à une relation, on commence par réunir des éléments pour justifier son choix. Juste pour pouvoir dire « Bye, bye, je ne t'aime plus ! »

préservant des sentiments amicaux. On peut très bien aimer une personne et lui dire « non », simplement parce qu'au fond de soi on sait qu'elle n'est pas faite pour nous. Par contre, il est tout à fait possible qu'on soit surpris du résultat après avoir évacué ses émotions négatives : parfois, on se met à nourrir un nouvel espoir et le désir de se donner une autre chance pour que ça marche. La plupart des couples qui se séparent le font avec un bon potentiel de réussite dans leur couple, mais leur amour est enterré sous des années de colère et de souffrance refoulées dont ils ont besoin de guérir.

Si vous quittez votre conjoint sans avoir pris soin d'évacuer vos émotions négatives, vous allez importer ce ressenti dans toute nouvelle relation.

Quitter son partenaire sans avoir résolu ses problèmes de colère et de souffrance est très dangereux (à moins que votre conjoint ne soit quelqu'un d'abominable, évidemment). Généralement, vous allez transporter ce bagage émotionnel et le déposer dans votre future relation. Très vite, ces émotions étouffées vont affecter votre nouveau couple et vous vous rendrez compte que vous devrez affronter les mêmes difficultés que précédemment.

Vous pouvez apprendre des choses précieuses en vous penchant sur toutes les relations de couple qui n'ont pas fonctionné pour vous. Il est important de tirer des leçons de ses erreurs passées pour ne plus les reproduire. Plutôt que de vous limiter à critiquer les torts de vos anciens partenaires, accordez de l'attention aux vôtres pour que votre future vie de couple n'en pâtisse pas.

Nous devons apprendre de nos erreurs passées pour ne plus les reproduire.

Votre engagement en faveur de la vérité sera un tournant dans votre existence !

CHAPITRE 13

L'AMOUR EST UN CADEAU

Résoudre les difficultés liées à l'amour peut représenter le plus excitant des défis et la plus belle aventure de votre vie ! Cela nécessite d'entretenir une volonté farouche d'être connecté à ses émotions et d'en révéler l'exacte vérité aux autres. Laissez votre engagement en faveur de la vérité constituer un tournant dans votre existence !

Plus vous direz la vérité de votre ressenti, plus vous aurez confiance en vos émotions, plus vous les apprécierez. Avec du temps et de la pratique, vous apprendrez à surfer sur les vagues de vos émotions sans être énervé et sans avoir à réprimer ce que vous ressentez.

Je ne vous promets pas que ce sera facile ; il y aura forcément des jours où des tensions et des conflits surgiront. Mais désormais, vous êtes en possession d'une méthode qui vous aidera à ressentir et évacuer toutes vos émotions désagréables pour revenir à une position aimante. J'espère que vous ferez un bon usage de ces conseils. Souvenez-vous : ça ne marche que si l'on s'en sert ! Le temps et l'énergie que vous y consacrerez seront récompensés par un surcroît d'harmonie, de paix et de joie dans toutes vos relations.

Votre aptitude à aimer est le plus précieux des dons. Ne le gâchez pas ! Considérez chaque instant de votre vie comme une opportunité de donner et recevoir de l'amour. Au bout d'un temps relativement court, vous réaliserez que la vie cesse d'être une bataille. Quand votre cœur déborde d'amour, l'existence se transforme en moments de bonheur.

Avec de la pratique, vous apprendrez à surfer sur la vague de vos émotions sans vous mettre en colère et sans avoir à réprimer quoi que ce soit.

S'aimer, ça fonctionne quand on sait comment faire pour que ça marche. Et maintenant, vous le savez ! Partagez ce savoir avec d'autres et offrez ce livre aux personnes que vous aimez. Consacrez-vous à propager l'amour au sein de votre vie et dans le monde entier ; les bénéfices que vous en retirerez seront inestimables et ils profiteront à tous ceux que vous chérissez.

L'utilisation régulière des techniques de soins émotionnels vous aidera à résoudre le mystère de l'amour.

Quand votre cœur est rempli d'amour, le quotidien devient aussi agréable que si on était en vacances dans un lieu de rêve.

Pour aller plus loin

Du même auteur, chez le même éditeur, ***Mars et Venus font la paix***, est un complément indispensable de *Guérir de ses blessures affectives* pour un travail en profondeur, sur soi et sur la relation de couple !

Ces deux ouvrages précieux sont **à la base** de tout le travail que John Gray effectue dans ses séminaires.

Là où *Guérir de ses blessures affectives* se focalise sur la psychologie de l'individu pour l'aider à être en paix avec soi-même et avec les autres, *Mars et Vénus font la paix* se concentre sur les difficultés particulières de la relation amoureuse. John Gray y détaille et y explique les différences hommes-femmes qu'il faut impérativement comprendre et accepter quand on souhaite un couple qui dure !

Pour celles et ceux qui ne connaissent pas John Gray à travers ses déclinaisons sur le thème "Mars et Vénus", *Mars et Vénus font la paix*, est un must. Des millions de couples ont trouvé la voie du bonheur grâce à lui, alors même que certains n'y croyaient plus.

Pour celles et ceux qui ont déjà lu certains titres de John Gray dans la série "Mars et Vénus", vous découvrirez dans *Mars et Vénus font la paix* les fondements de sa théorie sur les genres. Selon John Gray lui-même, cet ouvrage est destiné à celles et ceux qui veulent aller plus loin et travailler leur relation en profondeur.

ACHEVÉ D'IMPRIMER SUR LES PRESSES
DE L'IMPRIMERIE MULTIPRINT, BULGARIE
EN AVRIL 2015

DÉPÔT LÉGAL : MAI 2015